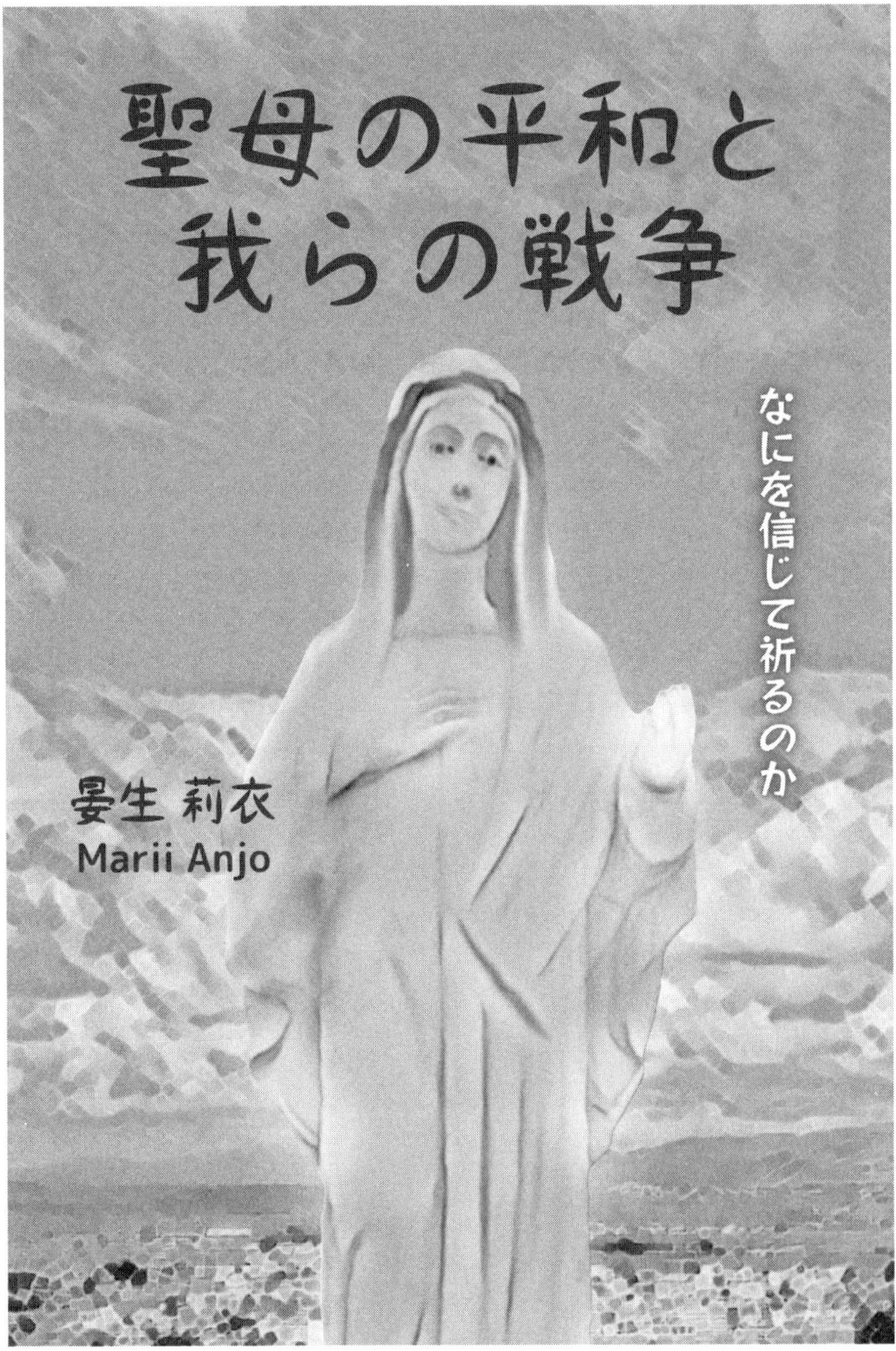
聖母の平和と
我らの戦争
なにを信じて祈るのか
晏生 莉衣
Marii Anjo

大学教育出版

はじめに

二〇二二年二月二四日。

ロシアがウクライナに軍事侵攻を開始。

その後、まもなく、ウクライナでは「聖ジャベリン」と呼ばれる現象が起こりました。アメリカ製の対戦車ミサイル「ジャベリン」を抱いた聖母マリアのイメージが、アート作品となってウクライナに登場。武器を手にウクライナを守る聖母マリアの姿は人々の心をとらえ、ウクライナの守護の聖人「聖ジャベリン」と呼ばれるようになったのです。

聖母マリアと戦争が結びつけられるのはこれが初めてではなく、実は、かなり古くから、聖母と「戦争と平和」をめぐるエピソードが地球上のあちらこちらに存在しています。その一つを、本書では取り上げています。それは、おおまかにいえばスラヴという民族的なバックグラウンドをウクライナとも分かち合うバルカン地域での出来事で、かつて凄惨な民族紛争が繰り広げられた国に聖母マリアが出現し、平和を繰り返し求めたという超自然現象が、以前から伝えられているのです。

日本人にはあまり知られていないこの聖母マリアの出現については、ローマ教皇庁を巻き込む一大論争が起こることになるのですが、その信仰を歴史と重ね合わせて模索していくと、数々の疑問が生まれてきます。

聖母出現は本当か?
キリスト教の信仰とは何か?
隣人愛と残虐行為はどう結びつくのか?
絶望の中で、人々は何に頼るのか?
救いはあるのか?
憎しみはいつか消えるのか?
犯した罪はゆるされるのか?
平和はなぜ、おびやかされるのか?
もろい平和をどうしたら守ることができるのか?
何を信じて生きればよいのか?

平和を愛し求める人にとって、本書がささやかな糧《かて》となれば幸いです。

聖母の平和と我らの戦争

目次

四章　「聖地メジュゴリエ」論争……177

プロローグ

きっかけは、二つあった。

リオデジャネイロでオリンピックが始まり、世界の多くの人々が四年に一度のスポーツの一大イヴェントを楽しんでいた。日本でも、連日繰り広げられる各国の選手たちによる競技の数々に熱い視線がそそがれ、日本選手の健闘が伝えられるたびに国内が歓喜に沸いた。

時を同じくして、別のニュースが国際社会を駆け巡った。シリアのアレッポで容赦なく続けられていた爆撃で、再び多くの子どもたちが犠牲になった。特に注目を集めたのは、そのニュースとともに配信された子どもの写真だった。傷を負い、流血と空爆の砂塵にまみれ、座ったまま、呆然《ぼうぜん》として動かない男の子。その姿は衝撃的で、人々を動揺させた。私もそのうちの一人だった。男の子の悲痛な姿にやり場のない怒りを感じたのはもちろんのことだが、それだけではなかった。何かがおかしい。この世界はおかしくなっている……。

平和の祭典と呼ばれるスポーツの国際大会に人々が歓声を上げるのと同じ時、そんな華々しさとは無縁の土地で熾烈な武力攻撃にさらされて、生命の危機に瀕している人たちがいる。まったく別の世界が二つある。その同時性がとても異常に思えて、恐ろしかった。

これまで私は国際平和の研究と国際協力の仕事をしてきて、アジアやアフリカの途上国のフィールドで働いてきた。独裁政権下の国に住んだこともあった。だから、長引くシリア内戦に苦しむ人たちの報道を目にするたびに、この人たちのために現地におもむいて働きたいと感じていた。しかし、危険地帯ゆえ、容易には機会が得られないことを言い訳にして、平和な国で惰性に流されていた。それが、泣くことすら忘れてしまったようなアレッポの男の子の写真を見たあとは、のらりくらりと日本で過ごしていられなくなった。でも、内戦は収まるどころか激化する一方で、シリアで働く機会が生まれそうになっても、結局は延期されてしまう。そんなことが続いて無力感に襲われるだけだった。

もう一つのきっかけは、シリアの内戦とはまったく関係がない偶然の出来事だった。私は仕事柄、海外生活を長く送ってきたのだが、今は日本をベースにしているので、語学の感覚を保つために、英語をはじめ、外国語に接する環境を作ることに日頃から努めている。外国の映画やドキュメンタリーを動画配信サービスで見るのはその一つの方法なのだが、ある配信リストの中で、ふと、一つの映画のタイトルが目に留まった。

“Mary's Land”

その映画についてはまったく知らなかった。

メアリーズランドって、メアリーの土地？

英語ではメアリーといえば聖母マリアの意味があるけど。

聖母マリアの地？　どこ？

と、興味を覚えた。それでなんとなく見始めると、流れてきたのはスペイン語だった。英語のタイトルだったので、言語も当然、英語だろうと思ったのだが、これでは英語力維持には役に立たない。でも、どうやら聖母マリアにまつわる内容のようだったので、見ないでやめてしまうのはマリア様に失礼ではないか。そんな気がしてとりあえず見続けることにした。スペイン語話者は世界の国々に散らばっているが、どうやら本家スペイン制作のものらしい。

映画は、メジュゴリエという田舎町を訪れたカトリック信者たちの証言が集められた、楽しげなドラマ仕立てのドキュメンタリーのようなものだった。メジュゴリエは、二〇世紀が終わりに向かう頃に、聖母マリアの出現という超自然現象が起こったといううわさがある土地として、カトリック関係者の間では知られている。

聖母マリアが出現されたといわれるカトリックの聖地といえば、フランスのルルドやポルトガルのファティマが有名で、ヨーロッパ旅行が好きな日本人なら、カトリック信者ではなくても聞いたことのある地名かもしれない。私はカトリック系の学校に通っていたこともあり、ルルドやファティマの話は知っている。ルルドには実際に訪れたこともあった。

しかし、メジュゴリエについてはなんとなく聞いた記憶はあっても、確かなことを覚えているわけではなかった。映画を見ていると、アメリカ大陸からメジュゴリエへと導かれた人たちが、

「自分の人生が、そこから変わった！」

などと口をそろえて証言していたので、

「あぁ、メキシコのあの聖地？　それなら、もう行ったわ」

と思った。だが、これは勘違い。

あとからよく考えれば、メキシコの聖地の名はグアダルーペだ。グアダルーペはアメリカや中南米のカトリック信者にとっては地理的に近くて行きやすいポピュラーな巡礼地で、ナレーションがスペイン語だったから、無意識にメキシコと結びついてそう思い込んでしまったのかもしれない。アメリカで暮らしていたことがある私は、だいぶ以前にその聖地を訪れて、ついでに近郊にある太陽と月のピラミッドによじ登った。

仕事を片づけながら映画にはあまり集中していなかったので、映画の終盤になってから、メジュゴリエがボスニア・ヘルツェゴヴィナにあることにようやく気づいた。

ボスニア・ヘルツェゴヴィナか……。

私は急に関心をそそられた。たまたま、この映画を見たのが八月で、夏休みシーズンだとい

うのに私には旅行の計画もなく、この年は海外にもまだ出ていなかった。かといって、シリアを脇に置くようにしてめざすべき動機を強く感じる国は特になかったのだ。でも、ボスニア・ヘルツェゴヴィナなら……。

ボスニア・ヘルツェゴヴィナという国は日本人にはあまりなじみがない。地理や歴史に詳しい人なら、ヨーロッパのバルカン半島にある旧ユーゴスラヴィア諸国の一つで、サラエヴォオリンピックが開かれた、そしてその後、内戦が起こった、というくらいのことは知っているかもしれないが、いずれにしても、日本ではあまり話題にならない国だ。

でも、サッカー好きな人たちにはわりと知られている。サッカー日本代表チーム元監督のオシムさんといえば、そのレジェンドの名を記憶している日本人は多いと思うが、オシム監督の人間性に惹かれたサッカーファンなら、監督がボスニア・ヘルツェゴヴィナ出身であり、民族紛争に人生を翻弄《ほんろう》されたことも知っているはずだ。ただ、そうしたサッカーにまつわること以外は、この国についての認知度は日本ではあまり高くない。

私にとっては、ボスニア・ヘルツェゴヴィナは「民族浄化」と「ジェノサイド」の国。そういう印象があった。一九九〇年代前半に凄絶な民族紛争が起こったボスニア・ヘルツェゴヴィナ。一つの国の中で長く平和的に共存していた多民族が対立を始めて内戦となり、約一〇万人の死者と約二〇〇万人の難民・避難民を出したといわれている。その内戦勃発当時、私はアメリカの大学院に留学中で、その後、国際協力の仕事に就くのだが、バルカン諸国にかかわる機会はなく、ボスニア・ヘルツェゴヴィナの内戦が終結して四半世紀ほどが過ぎ、この国を思い出すことはほとんどなくなっていた。

ところが、そんな歳月を経て、私は偶然、『メアリーズランド』という映画を見て、ポスト紛争国としてのボスニア・ヘルツェゴヴィナに新たな興味を抱いたのだ。

シリア渡航が無理なら、その代わりということではないけれど、かつて瀕死の状態に追い詰められたあの国に行って、内戦で破壊され尽くした戦場の現在の姿を見てくるのもよいのではないか。

そんな想いが生まれた。

さらにもう一つ、気持ちが動いた理由があった。映画に出てくるメジュゴリエは明るい陽の光にあふれ、人々は青空の下でゆったりと祈っていた。私もあんなふうに美しい自然の中に身を置いて、心静かに祈ってみたい……。

いつのまにか、私の祈りの中に、ボスニア・ヘルツェゴヴィナがあった。

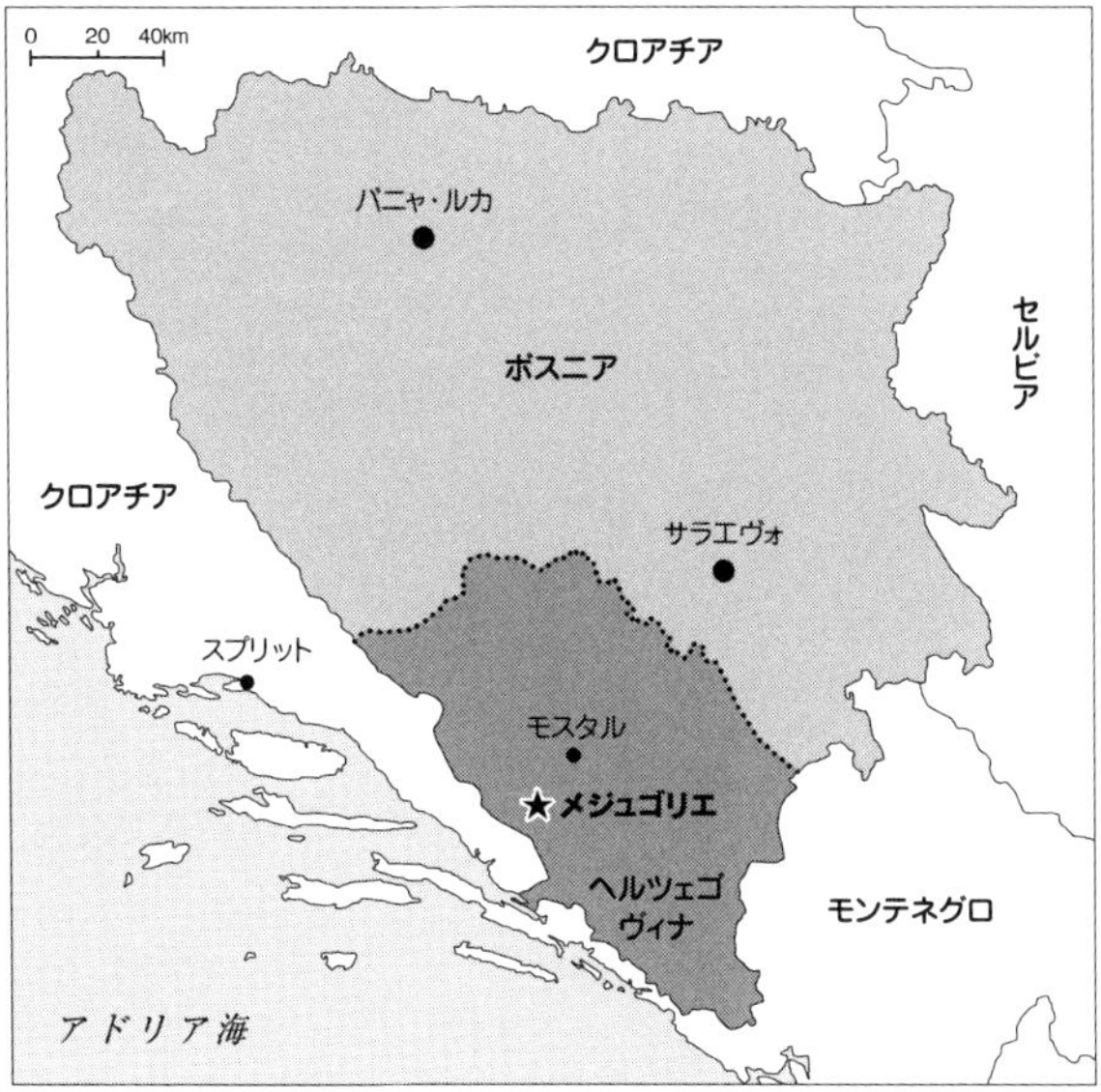

ボスニア・ヘルツェゴヴィナと周辺国

ボスニア・ヘルツェゴヴィナは北部のボスニア地方と南部のヘルツェゴヴィナ地方から成る。地図の点線は二つの地方のおおよその境界を示している。この地理的な要素に加え、ボシュニャク（ムスリム）系、クロアチア系、セルビア系という主要三民族の間に起こった内戦（1992 - 1995 年）の和平合意によって、国はボシュニャク系とクロアチア系住民主体のボスニア・ヘルツェゴヴィナ連邦とセルビア系住民主体のスルプスカ共和国という二つの独立統治圏に分かれたため、複雑な体制による一つの国家が形成されることとなった。

一章

断絶の地で

内戦から復興を遂げた古都
独特の風情あふれる景色が旅人を魅了する

★

サラエヴォから出るモスタル行きのバスは午前九時出発の予定だった。

バスのチケットは、クロアチアの観光バスの予約サイトで、日本からすでにオンラインで事前購入していた。まったく知らない東欧の会社のサイトでクレジットカードを使って安全なのかどうか、少し迷ったが、エイヤッと購入ボタンを押すと、見慣れたクレジット会社の認証のページに切り替わってセキュリティチェックがされるようになっていたので、とりあえず大丈夫だろう、と思うことにした。それでも、日本からプリントアウトしてきたそのチケットが本当に使えるのかという一抹の不安はあったが、追加で日本の消費税にあたる付加価値税三マルカを窓口で支払う必要があったものの、ゲート係のおじさんは問題なく通してくれた。

ゲートを通過するとバスの発着所が縦に細長く続いていて、その一番奥まで行くと、Sarajevo – Mostar と大きなサインが出ているバスが見つかった。一マルカ払ってスーツケースを預けようとすると、荷物係のおじさんが、明らかにマイナーな東洋人の旅行者の私が行き先を間違えていないか心配してくれたのだろうか。「モスタル?」と確認するように聞いた。おかげでダブルチェックできて、私は安心してそのバスに乗り込んだ。

出発五分前。けっこうギリギリだった。バスの中は暖房が効いていて暖かい。一〇月でも日中は日差しが強く、半袖姿だったが、朝晩は冷え込みが厳しい。座席はさほど埋まっていない。日本の観光バスと同じような感じで左右二列ずつ並んでいる。私は後方の席を選んだ。座り心地はまずまずだ。

ボスニア・ヘルツェゴヴィナの正式な国名は、「Bosna i Hercegovina」。そのまま訳すと「ボスニアとヘルツェゴヴィナ」となる。長い国名なので、「BiH」と略されることが多い。ボスニアは国の北部、ヘルツェゴヴィナは南部の地方で、首都サラエヴォはボスニア地方に位置する。モスタルはヘルツェゴヴィナ地方にあり、サラエヴォに次いで人気の観光地でもある。私のような平和の研究者にとっては興味深い、ぜひ訪れてみたい土地だ。旅の起点に選んだサラエヴォからメジュゴリエへ向かう途中に位置するので、簡単に立ち寄ることができるのは幸いだった。

バスは予定どおりに出発した。モスタルまでの所要時間は二時間半。サラエヴォを出発した時には車内はガラガラだったので、これならゆっくりバスの旅が楽しめそう。と、思ったのは間違いだったことに私はすぐに気づくことになった。このバスはサラエヴォとモスタルを結ぶ観光バスだと思っていたのだが、バスターミナルを出発してから五分おきくらいに、ちょこちょこと道端に停車して、そのたびに人が乗ってくる。途中から乗ってくる人たちは旅行者ではなく、ごく普通の日常の格好をした地元の人々で、新たに人が乗ってくるたびに、切符売り係のおじさんがバスの中を回って料金を回収している。どうもこのバスはサラエヴォとモスタルを結ぶ観光バスと、地域住民の足となるローカルバスという二つの役割を同時に果たしているようだ。

三〇分も走ると、道の両側は山々に囲まれた。赤みがかったオレンジ色に紅葉している木々が点々と美しい。

さらに走ると集落のようなスポットが現れて、バス停に人が待っていた。以後、バス停によっては続々と人が乗ってきて、そのうちになかなかの混み具合となった。空いていた私の隣の席にも若い女性が座った。女性は二人連れでどちらも黒っぽい布を頭にかぶっている。この国で私が初めて見るヒジャブ（ヘジャブ）姿の女性だった。横目でちらりと観察すると、年の頃とお化粧っ気のない素朴な感じから大学生なのかなと勝手に想像した。そのうち満席になって、通路で立ったまま乗っている人も出てきた。

続けてバスに揺られていると、そのうち今度は降りる人も出てきて、バスはいっときの満員状態から徐々に解放されてきた。私の隣の席のヒジャブ姿の女性も降りていった。

バスは山々の間を縫うようにさらに進んでいく。すると今度は渓谷の間に流れる幅広の川が右手に見えてきた。川面は山の影と陽の光のはざまで濃い青から薄い青へ、さらにはエメラルドグリーンへ、刻々と色を変える。その、光と山と川の水のコントラストが目にキラキラまぶしく映る。自分の住む日本の都会の環境とはかけ離れた美しい景色に見惚れてしまう。川が見える右側の座席を選んで正解だった。

ふと、窓の外の景色が変化していくのに気づいた。山が違うのだ。サラエヴォ近くの山々は紅葉が見られたが、モスタルに近づくにつれ、白っぽい山肌が目につくようになった。サラエヴォ出発の時に入っていた暖房が、いつのまにか冷房に変わっていた。

車窓の景色を楽しみながらのバスの旅もすでに三時間。ようやくモスタルに入ったのだろうと思っていると、突然、眼の前に存在感のある山が見えてきた。私の目をとらえたのは、そのてっぺんに建っている大きな十字架。

あの十字架はなんだろう？

そう思ったところで、バスが終点のバスターミナルに到着した。

旧市街の宿に泊まる

予定よりかなり遅れての到着。今夜泊まるペンションのオーナーが迎えに来てくれることになっているのだが、待たせてしまって申し訳ない。そう思いながらバスを降りて、私は近くを見回した。

　だが、それらしい人の姿はどこにもない。時間どおりに来ないのは、この国の人たちに共通の行動パターンなのだろうか。旅の初めに到着したサラエヴォの空港でも、迎えに来てくれるはずの宿のオーナーは来ておらず、三〇分ほど待たされた。モスタルの日差しはサラエヴォのそれより強烈で、ジリジリと暑い。

　二〇分くらい待っただろうか。ようやく迎えらしい二人組がやって来た。あわてることもあせることもなく、何事もなかったように登場し、相手を待たせたという素振りもなく声をかけてくるというのはサラエヴォでも同様で、まったくデジャヴのような展開だ。

　郷に入っては郷に従え。私もまた、何事もなかったように迎えの二人とにこやかに、「ハロー」と挨拶を交わし、車に乗り込んだ。

　二人はまだ三〇代くらいの若い夫婦で、そろってTシャツにジーパン姿だ。サラエヴォの宿の女性オーナーもそうだったが、この女性もヒジャブをかぶっていない。途中の田舎町からバスに乗ってきた二人の女性は身につけていたが、サラエヴォやモスタルのように外国からの旅行者が多く訪れる観光地では、イスラム圏の国でよく見かけるヒジャブ姿はむしろめずらしい。

聞くと、ペンションは一年前くらいにオープンしたそうだ。数ある旧市街の宿の中からこのペンションを選んだのは、バスターミナルまでピックアップしに来てくれることに加えて、ローカルガイドを手配してくれるからだったのだが、実をいうと、ここに決めるのには、ある小さな懸念があった。懸念は、この国の過去と私の旅の行き先に関係した。だから、私の中にくすぶっていたその懸念とは何かを語るには、まず、ボスニア・ヘルツェゴヴィナのあの民族紛争について、簡略にでも説明しなければならない。

長い歴史の中で多民族国家となったボスニア・ヘルツェゴヴィナ。イスラム教徒を指すムスリムと、セルビア系、クロアチア系が主要三民族で、そのほか、ユダヤ系やロマ民族などの少数民族を加え、異なる民族が一つの国の中に共存する国家の形態はユニークで、第二次世界大戦後にティトーによって建国されたユーゴスラヴィア連邦の一共和国となっても、その民族多様性は変わらなかった。

ところが、ティトー大統領の死後から次第に連邦の安定性が失われていき、一九九〇年代に入ると連邦内の諸民族の間に独立の機運が高まっていく。そんな中、ボスニア・ヘルツェゴヴィナは一九九二年四月に独立を宣言。これに反発するセルビア系武装勢力が首都サラエヴォを包囲し、以後、一九九五年末の和平合意まで、約三年半にわたる激しい内戦が続いた。ムスリム、セルビア系、クロアチア系という主要民族が、領土拡大の野望や民族の生存をかけて過酷な戦いを繰り広げる状況は、「民族浄化」「エスニッククレンジング」と表現されて世界に伝えられ、国連を中心とする国際社会による調停が続けられたことを記憶している人もいることだろう。

この民族紛争当時、日本語では同国のイスラム教徒の人々が「ムスリム人」と称されることが多かったが、現在は、ボシュニャクが正式な名称となっている。本書では、ムスリム、ムスリム系、ボシュニャク、ボシュニャク系というような表記をしているが、これらはいずれも、イスラム教徒のボスニア・ヘルツェゴヴィナ人のことを指している。

モスタルは、サラエヴォに次ぐ主戦場となったが、その戦いは特殊な変遷を遂げた。

要約すると、モスタルでは二つの異なる内戦が起こったのだ。内戦開始当初、ムスリム系勢力とカトリックのクロアチア系勢力は、モスタルを襲うセルビア系武装勢力に対抗し、共闘した。ところが、それによってセルビア系勢力がモスタルから撤退すると、今度は、ヘルツェゴヴィナ内にクロアチア系の独立的な支配圏を確立するという野望を以前から抱いていたクロアチア系勢力が、隣国クロアチアの支援を受け、同志だったはずのムスリム系勢力に向けて戦闘を開始した。昨日の味方に襲いかかられたムスリム系住民は、自分たちの土地と生命を守るため、ごく普通の住民だった者たちが武器を手に取って戦った。戦わなければムスリムは抹殺されてしまう。民族の生き残りをかけた熾烈を極める武力衝突となったが、明らかな優位に立ったのは軍事力で勝るクロアチア系勢力で、ムスリムの兵士たちは戦闘用の服もヘルメットもなく、普段着のまま、手作りの武器で対抗するような状態だった。

多くのムスリム系住民はクロアチア系武装勢力によって強制収容され、暴力や虐待、レイプといった非人道的な扱いを繰り返し受けた。命からがら逃れた人々たちは国内外で避難民となった。

モスタルは、ボスニア・ヘルツェゴヴィナ内戦中、もっとも被害の大きかった戦地ともいわれている。報告されているところによると、約一年にわたるムスリム系とクロアチア系との闘争で、二〇〇〇人近くが命を落とし、負傷者は五〇〇〇人以上。そのうちの約九〇パーセントがムスリム系の被害者だった。さらに、約二万六〇〇〇人の住民が国内外に避難を余儀なくされた。破壊された建物は、宗教施設や公共施設、家屋など合わせて五〇〇〇軒以上。そのほとんどがムスリム系地域に集中していた。

クロアチア系勢力が抱いた「民族浄化」の野望はかなわなかったが、戦後、ムスリム系人口は激減し、マジョリティはムスリム系からクロアチア系へと取って代わられた。しかし、その後、ムスリム系住民人口は徐々に回復して、現在は二民族の人口は互角となっている。

モスタルでは民族紛争の結果として、ムスリム系住民、つまり、イスラム教徒のボシュニャク系住民と、カトリック教徒のクロアチア系住民とが、現在に至るまでネレトヴァ川両岸に分かれて生活している。私が予約したペンションはボシュニャク系が占める川の東岸にあり、ペンションの名前もイスラム的な響きがある。オーナーは当然、ボシュニャク系だ。私は異文化に触れるためにもボシュニャク系地域の宿に泊まりたいと思っていたので、それはなんの問題もなかった。

しかし、そこからメジュゴリエに行くことを考えると、自分の中で少々の問題が生じた。メジュゴリエといえばカトリック信者、つまりクロアチア系住民しかいないような土地である。モスタルの宿でボシュニャク系オーナーから次はどこに行くのかと聞かれたら、私は正直にメジュゴリエに行くと言ってよいのだろうか。ボシュニャク系オーナーにとって、それは敵地を訪問する客を泊めるようなものではないのか。メジュゴリエへ向かう自分の存在は、オーナーの気分を害しないか。私は嫌われたりしないだろうか。そんなことを心配した。

モスタルとメジュゴリエは隣同士みたいな土地で、どちらにも行く外国人は少なくないはずだから、そんなのいらぬ心配では？　と、自問自答もしてみた。だが、戦争が終わって長い歳月が流れても、一度覚醒させられた民族間の対立感情は、現在も消えることなくモスタルの地と人々の心に残っているのではないだろうか。そんなふうに考えるのは、国際平和の研究や国際協力の仕事に従事してきた者として当然のことだ。異民族の間の微妙な感情には常にセンシティヴでなければならないし、対立の芽は小さいことのほうが多いのだ。

取り越し苦労であるならそれでよいが、行ってみなければわからない。

私は、そんな面倒な懸念を抱えるくらいなら、西岸のクロアチア系の宿を予約し直したほうが簡単ではないかとも考えた。しかし、すでに旅のアレンジをするのにけっこうな時間とエネルギーを費やしていて、準備作業をさらに続けることに疲れてしまっていた。それで私は、これから宿を取り直す気力が湧かなかったという主な理由から、その精神的な重荷を背負ったままでモスタルへ向かうことになったのだ。

世界遺産の橋を渡る

チェックインして部屋に荷物を置くと、私は早々に散策に出かけた。

ペンションから三〇秒も歩けば、そこは旧市街のオールドバザールと呼ばれるメインストリートだ。メインといっても細い路地で、なめらかな丸い小石がきれいに敷き詰められている石畳のような道の両脇には、こぢんまりしたお土産屋さんが軒を連ねている。

夏のハイシーズンからは外れているというのに、週末だからだろうか、路地はたくさんの観光客でにぎわっていた。ヨーロッパでありながらヨーロッパでないような、異国情緒あふれる風景に魅入られるようにして、人々はここを訪れるのだろう。

私がめざしていたのは石の橋、スタリ・モストだ。ボスニア語でスタリ（stari）は橋、モスト（most）は古いという意味なので、文字どおりに訳せば「古い橋」。スタリ・モストはモスタルの代名詞ともなっている歴史的建造物なのだ。

オスマン帝国によって支配されていた十六世紀に建造された頑丈かつ優美なその石の橋は、それから四〇〇年以上、ネレトヴァ川を囲むように共存して暮らすどの民族にも開かれた生活路として使われていた。

ところが二〇世紀の終わりに勃発した民族紛争によって、スタリ・モストは破壊され、ネレトヴァ川の川底に沈められてしまう。クロアチア系勢力とムスリム系勢力の激しい戦いが続く中、クロアチア系武装勢力は、ムスリム系住民の精神的支柱であり、モスタルのオスマン文化の象徴であるスタリ・モストに容赦なく砲弾を打ち込んで破壊した。命綱だった橋が失われ、

世界遺産の橋を中心に広がる旧市街。背後の山の頂上に十字架が光る

ムスリム系住民は完全に孤立し、困窮を強いられた。

内戦終結後、スタリ・モストは国際協力によって二〇〇四年に再建され、翌年にはユネスコの世界遺産に登録された。モスタルの文化的多様性を支えた石橋は、復興と和解の象徴として蘇《よみがえ》ったのだ。

しかし、このスタリ・モストの復活を喜ばない人たちもいるらしい。そこに置かれた記念の石碑が川に投げ捨てられたり、国際協力プロジェクトの案内板が破壊されたりするという出来事が起こっている。

私は、古い歴史と新しい歴史のどちらにおいてもモスタルのシンボルであるこの橋を、まず見てみたかった。純粋な子どものような素直さで形容すれば、それは平和の橋なのだから、私を誘《いざな》ってやまないのだ。立ち止まることなく人の間を縫うように路地を歩いて行くと、右手に再び川が見えてきて、小さな赤い花々を咲かせた道端の緑の小枝の間から、前方に、アーチ状の美しい石橋が姿を現した。

スタリ・モストが実に独特な造りをしていることは、実際に橋に足をかけてみるとわかる。歩面も石造りで、アーチ状にカーヴしているのだ。そのため橋の上はかなり歩きにくい。しかし、中央で歩を止めて橋の上からあたりを見渡せば、深い緑青色の川面とその脇にたたずむ白いモスクやミナレットの景色は、まるで絵葉書のような美しさだ。

しかし人混みがひどいので、私はとりあえず反対の岸まで渡り終え、そのまま道なりに続く路地の先に足を進めていった。今度はクロアチア系住民側とされる西岸だが、東側と同じような伝統工芸品が置かれているお店が続いていた。

と、その時。どこからか大きな声がかかった。

「アニョハセヨー」

うん？　と思って見ると、声の主はアイスクリームを売っているお店の女性だった。若くて威勢が良い。やる気にあふれた売り子さんは、通行人の外見で言語を使い分けて声をかけているようだ。観光客のほとんどは白人で、たまに中東系らしい人たちも見かけられるが、東洋系の私が前を通りかかったので、即座に韓国語で呼びかけたのだろう。韓国人らしい観光客の姿を私はまだ目にしていなかったが、モスタルでは東洋人観光客といえば韓国人が一番多いのだろうか。

私はアイスクリーム売りのお姉さんの一生懸命な販売努力に心を打たれたが、肝心のその外国語のチョイスが間違っている。

「私、韓国人ではないのだけど」

英語で言い返すと、

「コンニチワー」

お姉さんは即座に、今度は日本語で挨拶してきた。元気なだけでなく機転もきく、と私は再び感心した。

まだ先を見て歩くつもりだったが、とても暑かったのでアイスクリームは魅力的だったし、せっかく日本語に言い直して挨拶してくれたのに、買わずに通り過ぎるのは日本人にしてはちょっと冷たい態度ではないか。

私はガラスのショーケース内に並んでいるたくさんの種類のアイスクリームの中から、ストロベリーとピスタチオを選んでカップに入れてもらった。たっぷりあるのに一ユーロ。その安さに驚いた。店員さんから言われるがままにユーロで支払ったのだが、値段はすべてユーロとマルカで併記されていることには、オールドバザールを通り抜けてくるうちに気づいていた。モスタルでこんなふうにユーロがどこででも使えるとは予想外だった。

お味はというと、とりたててめずらしいフレーヴァーは目につかなかったのでごく普通のチョイスをしたせいか、ボスニア・ヘルツェゴヴィナで初めて食べるアイスクリームは、ごく普通の味だった。

外国人観光客の振る舞いとしてゆるされるであろうアイスクリームの食べ歩きという、日本にいるときの自分はあまりしない行為に挑みながらしばらくブラブラ歩いていくと、趣のある石の歩道がコンクリートの道路に変わり、道幅がぐんと広くなって車も通るありふれた風景になってきた。

界隈の様子の変化が、ボシュニャク系の旧市街を抜けて、クロアチア系の地域に入ったことを告げていた。

境界線の向こう側にある教会

スタリ・モストを渡ったあとはあてもなく歩いてきたような私だったが、頭の中に大ざっぱに入れてきた地図によると、この辺にカトリック教会があるはずだ。外国でも日本でも、訪れた地に教会があれば時間がゆるす限り立ち寄ってみたいと思うのが自分の常で、それはモスタルでも同じだった。

それに加えて、ボシュニャク系とクロアチア系の住民が分かれて暮らすモスタルの特異性から、モスタルのカトリック教会はどんなふうなのだろうと、その存在自体に一種の特別な興味があった。

コンクリートの通りを歩いていくとすぐに大きな自動車道が見え、左はドゥブロヴニクとスプリット、右はサラエヴォという道路表示が下がっている。信号が変わるのを待ってからその自動車道を渡ると、右手前方に目当ての教会が見えてきた。

教会は薄茶色の外壁と赤茶色の屋根というシンプルなデザインで、その後ろにはてっぺんにシルバーの十字架が光る尖塔が、教会よりも存在感を放ってそびえていた。

聖ペトロと聖パウロの教会とされるこの教会の始まりは一八六六年。この国のカトリックの主流であるフランシスコ会が建設したものだ。修繕を重ねて発展してきたが、一九九〇年代の内戦時の爆撃で焼け落ち、無残に破壊されてしまった。現在の教会はカトリックの大聖年だった二〇〇〇年に再建が完成したもので、教会と修道院のほか、五万冊もの蔵書や美術品を収納する図書館とアーカイヴが併設されているという。

モスタルの内戦でカトリック教会が破壊されたと聞くと、激化したムスリム系勢力の攻撃によるものだと思いがちだが、それは違う。教会が破壊されたのは一九九二年五月、内戦勃発後の最初の敵、セルビア系武装勢力の攻撃によるものだった。

再建された教会はだれでも自由に見学できるのだが、私が教会に着くと、あいにく内部は工事中で中に入ることはできなかった。仕方がないのでそのまま歩いて裏手に回り、高い塔のほうに行ってみた。とがった三角屋根の部分は黒っぽく、細長い塔の胴体の部分はベージュがかった白色をした、モノトーンのシックな尖塔だ。

近づいて説明板を読むと、教会と同じ二〇〇〇年の建設で、十字架の先端まで高さ一〇七・二メートル、とあった。

Mostar Peace Bell Tower（モスタル ピース ベル タワー）という塔だ。

入り口をのぞいてみると、受付デスクにいた若い男性が私に笑顔を向けて言った。

「アニョハセヨー」

また韓国語の挨拶か。不思議に思ったが、二回目となると言い返すのが面倒で、私はただ首を振った。

「コンニチワ。アリガトウ」

すると彼は、アイスクリーム屋の売り子さんと同じく、しかもなぜかお礼の言葉もつけて、日本語で言い直した。

さらに彼は、自分の間違いを挽回するかのように、

「自分は日本のマンガが好きで、○△×を読んで日本語を覚えたんですよ」

と漫画のタイトルらしきものを言った。しかし、愛想の良い彼のサービス努力に応えたくても、私は日本の漫画やアニメにうとい。残念ながら逆に理解できず、うやむやな笑いをお返し

しつつ、塔に登りたい旨を告げた。

「途中まではエレベーターで上がって、そこから展望階までは階段で三〇メートル登ることになりますけど、大丈夫ですか?」

ここで働いているなら当然カトリック信者であろう若者は、らくらくと登りきれるようなエネルギーにあふれているとは見えない見学希望者への模範的な心配りを示して、途中から階段が待ち受けていることを念押しして確認してくれた。

もちろん、大丈夫。私は心配ご無用とでもいうように、自信満々に答えて入場料三ユーロを払って塔の展望台へと向かった。ところが、いざ登ってみると、受付の若者が何気なく伝えてくれたとおり、階段はそれなりにきつかった。ご親切にも階段一段一段に番号がふってあるのだが、三〇〇番台の階段に足をかける頃には息が切れ、途中、上から下りてきた一組の白人の老夫婦に、ガンバッテ、と励まされる始末だった。

聖ペトロ・聖パウロ教会と塔

どうにか展望階に着いてガラス窓から外をながめると、十字架が頂上にそびえる山がまず目に飛び込んできた。モスタルに到着した時、バスターミナルの近くでちらりと目にしたあの山だ。今は間近に大きく迫り、十字架が青空をバックによく見えた。あとから宿のオーナーに教えてもらったところでは、内戦の終わり、クロアチア系武装勢力が山のてっぺんに巨大な十字架を建てたのだという。こちら側は自分たちの領土だと誇示するかのように、カトリック教徒たちによって建てられたその信仰のシンボルは、太陽の光にキラキラと輝いていた。

展望階は窓から三六〇度見渡せる造りになっていて、十字架から視線を移してぐるりと外を一望すると、グレーの山肌が目立つ寂しい感じの山々が四方八方に連なって眼下に広がる街を囲んでいた。

なるほど、モスタルは盆地なのだ。だからこんなに暑いわけだ。私はモスタル全体の地形を把握して納得した。

山のふもとから平地にかけては、一様に赤茶色の屋根の低いビルがランダムに立ち並んでいる。遠目にはどれも白壁がきれいで真新しく、最近建てられたようにも見える。だが、注意深くながめると、それらに紛れて、屋根と窓ガラスが吹き飛んだ状態のビルが建っているのにも気づいた。

一周して見終わったところで、大柄の白人男性三人が登ってきた。彼らの交わしている言葉は聞き取れない外国語。クロアチア人だろうか。それまでは一人で展望台を独占していたのだが、やってきた彼らに一番ながめの良い窓を占領されてしまったので、私はあきらめよく、展望台を出ることにした。

階段の途中には、「ピース ベル タワー」という塔の名のとおり、大きな鐘《ベル》があった。つまり、この塔は鐘塔として造られたわけだが、展望台からモスタルの土地をながめたあとでは、なにか別の目的が隠されているようにも感じられた。

塔の高さは周辺のモスクのミナレットを意識してのことだろう。展望台から見えたミナレットは高さからすればどれも教会の尖塔とは張り合えないスケールで、はるか下に小さく見下ろせる。まるで、クロアチア人がこの街を制覇しているかのごとく見えるモスタルの街の俯瞰《ふかん》図がそこにあった。

祈りの場所であるカトリック教会なのに、私はなぜか落ち着かない気分に襲われた。教会への行路で感じていたかすかな不安は、私の中で、むしろ、増すばかりだった。実は、それはモスタルを訪れる前から覚えていた不安だった。カトリックの信仰を持つクロアチア系の人たちが、このモスタルと中央ボスニア地域において、ムスリム系住民の殺戮を行ったという、その事実に対する不安だった。

なぜ、こうした罪を犯すことができたのか。

虐殺、強制収容、拷問、レイプを含めたあらゆる非人道的行為とキリスト教はどうやって結びついていたのだろうか。

イエス・キリストが説かれた隣人愛はどこへ行ってしまったのだろうか?

こんな問いが次々と生まれてきては私の心を騒がせた。

クロアチア系住民の中には、危険をおかしてムスリム系の友人をかくまった人たちもいたが、それが発覚すると、それらの者たちは皆、同じクロアチア系の武装勢力によって殺害されたという。殺害されずともレイプの被害にあう女性も少なからずいたという証言もある。隣人愛あふれるこうしたカトリック信者の行為は、同じ信仰を持つ冷酷な虐殺者によって罰せられ、隣人愛には死に至る苦しみが与えられた。

――カトリックという信仰は、いったい、なんなのか?

あまりに本質的で根本的な問いかけが、重たくのしかかってくるようだった。

スタリ・モストを渡ってクロアチア系地域に足を踏み入れ、「平和の鐘の塔」からモスタルを見下ろしながら不安が増大していったのは、モスタルでカトリック信者がムスリム系住民の掃討を行っている時、カトリック教会は何をしていたのか、というさらなる問いかけが心の中で生じたからだ。

カトリック教会は、この内戦においてどんな役割を果たしたのだろうか。

目の前で繰り広げられている残虐行為を止める努力をしたのか。

モスタルの平和を求める祈りをしたのか。

敵をゆるせと説いたのか。

民族間の和解を呼びかけたのか。

それとも、クロアチア系勢力の勝利を願って神に祈りをささげたのだろうか。

少なくとも、モスタルのカトリック司祭たちが、同胞のクロアチア系武装勢力の者たちのために神のご加護を祈ったという話はよく知られているところだ。

いったい、イエス・キリストが説いた愛とゆるしの教えは、どうなってしまったのだろうか――

「平和の鐘」という、観光客の心に響くネーミングがされたその鐘塔は、実際にはクロアチア側からの見張り台の役割をもひそかに果たしているのではないか。

塔からモスタルの街を見下ろして、私はそんな暗示を受け、それを打ち消すことができなかった。深い闇に入り込み、その暗黒を見つめながら、逃げられずに、ただ、たたずんでいた。

しかし、残念ながら、答えをここで得ることはできなかった。教会は工事中で、聖堂で祈りながら神に問うことはできなかった。司祭の姿を見かけることもなかったが、司祭に会ったところでいきなり何をどうやって聞けというのか。

私は、それらの問いとそれにまつわる不安を、暗澹《あんたん》たる思いでメジュゴリエまで持っていくしかなかった。

★

翌朝、窓のカーテンを開けるとすでに青空が広がっていた。サラエヴォでは朝にアザーンの声を聞いたが、ここでは教会の鐘の音が遠くに聞こえている。身づくろいをすませると、私はペンションを抜け出した。午前八時過ぎ、バザールのお店の多くがまだ扉を閉ざしていて、路には人っ子一人いない。私はスタリ・モストの魅力に惹きつけられた蝶のごとく、朝の路をひらひら飛んでいった。

橋に着くと、そこも無人だった。前日の混雑ぶりとは打って変わって、静寂に包まれていた。私は早起きしたご褒美をもらったかのように、一人きりで、いや、スタリ・モストと二人きりのひとときを楽しんだ。柔らかい朝の光の中に輝く遠くの山々や、その影に入ってまだ半分眠ったようなネレトヴァ川と世界遺産の風景を、だれにも邪魔されずに想いのままにながめられるとはなんと贅沢なこと。そして、自分がそのすばらしい景色の一部となっている感覚に、うっとりとしてしまう。

そんな至福のひとときに身を任せていると、やがて、西岸側で人影が動いた。姿を現したのは一人の東洋人観光客。続いてカラフルな服装のグループがぞろぞろと列をなして橋を登ってきた。老若男女、三〇人ぐらいはいるだろうか。すれ違って歩いていくその人たちの会話の内容はわからなくても、話す言葉は韓国語だとわかる。急いでいるのか、ご一行はスタリ・モストからの景観を立ち止まってゆっくり楽しむということはせずに、あっさりと橋を渡って行ってしまった。国籍を問わず、モスタルでこんなに大人数のグループと遭遇すること自体初めてで、思わぬ団体さんのご登場に驚いてしまったが、これでようやく、地元の売り子さんや受付係の人が、東洋人に「アニョハセヨー」と声をかけたくなるのもわかる気がした。

さて、私はさらに、ネレトヴァ川沿いにあるイスラム教の礼拝堂を見学し、ミナレットに登ってみた。スタリ・モストの美しい姿はすでにずいぶんとながめたが、ミナレットから見るスタリ・モストはまた格別だ。

うわぁ、きれい。と思わず声を上げた。

この場所もミナレットの階段もせまくて窮屈だが、ラッキーなことにここでもいるのは私だけ。モスタルでの観光は、人出が少ない朝がよい。

内戦跡を巡る

この日はいよいよメジュゴリエへと向かうのだが、その前に、ペンションが手配してくれたローカルガイドにモスタルを車で案内してもらうことになっていた。明らかに本名ではない英語風の名前——仮にビリーとしておこう——を名乗るガイドは、サングラスで顔が隠れているのでよくわからないが、四〇代前半くらいだろうか。英語は流暢だ。彼だけでなく、これまで私が話した現地の人たちは皆、英語が上手だったので、私はこの国に着いてから、言葉の不自由さをまったく感じていなかった。

内戦について知ることが目的なので、それに関連する場所を案内してほしい。観光スポットは自分でだいたい見て回ったので行く必要はないです。

私は彼に自分の意図をそう説明した。しかし、ガイドの手配をしてくれるという宿に事前にそのように目的を明確に伝えて依頼したのに、どうもビリーには伝わっていなかったようだ。彼は明らかに戸惑ったようにして、私が何も聞いていないのに、

「戦争については、自分はまったく中立だ」

と、しきりに繰り返すのだ。自分は当時、モスタルにあったヨーロッパの支援団体で働いて

いた、だから、自分は中立だと。

それはなにか、必死に予防線を張っているようにも聞こえ、今度は私のほうが戸惑った。私はこの国の内戦とは直接的に利害関係を持たない、はるか遠い国から来た者だから、そんなふうに用心する必要はないのに。

わかったことは、ビリーはオーナー夫妻の友人で、日頃はウェブ関係の仕事をしていて、お声がかかったときだけ観光ガイドに変身する、いわば副業ガイドさんらしい。自分のリクエストしたガイド像とはちょっと違うが、なるようにしかならないのが旅の常。

私はともかくガイドさんの車に乗り込んで出発した。


最初に車が止まったのは、内戦の残骸のようなビルの前。

きれいに再建された建物が並ぶ通りに、一軒だけ取り残されたように建っている。ビルの下部の窓は吹き飛んだままで真っ暗な空洞となり、残った壁には被弾の跡がおびただしく残っている。

「この道で、最初に武力衝突が始まった」

と言うビリーの言葉を、私は、ムスリム系勢力とクロアチア系勢力の衝突のことだと受け取った。モスタルの内戦について少し知識があれば、まず頭に浮かぶのはその二民族の激しい武力対立だ。

だが、場所の印象やビリーの簡単な説明を書き留めた自分のメモを見ながら、あとから地図やそのほかの資料を照らし合わせて確認するという作業をしているうちに、いや違う、と、自分の間違いに気づいた。案内されたのは、一つ目の内戦、つまり、セルビア系武装勢力とムスリム系・クロアチア系連合勢力との衝突が起こった場所だったのだ。モスタルの民族対立はドラスティックな変遷を遂げたので、観察者は正しく歴史を追うための注意が必要だ。

「自分は中立」とするビリーは、どの勢力とどの勢力とが戦ったのかはさほど重要なことではないと思ったのか、そうした説明を省いていた。ビルの前には大きな落書きがされたさびた看板があって、「EU再建プログラム」とある。履行者は「デンマークの難民カウンシルのモスタル支部」となっている。

それにしても、なぜ、このビルだけ、建て替えられずに破壊されたままなのだろうか。ビリーが明確な説明をしないのは、地元の人でも詳しいことはわからないからかもしれない。このようにぽつんと取り残された廃虚のような建物は、内戦が終わってから年月がたっていても、モスタルでは時折見かける。建物の所有者が行方不明になっていて放置されているケースがあるとも聞く。ほかの理由もあるらしい。内戦以前は異民族が入り混じって仲良く暮らしていたコミュニティでも、民族による地域分割が定着した内戦後には、家屋の所有権や居住権に関する複雑な問題が起こっているという。

　しかし、驚くことに、このボロボロの五階建てのビルを見上げると、上階には新しい窓とブラインドが取り付けられていて、人が住んでいる。いつまでたっても再建されないままのビルに、元のムスリム系住人が戻ってきたのか、それともムスリム系住民を追い出して家屋を略奪したクロアチア系勢力の家族が、そのまま居着いたのだろうか。いずれにしても、こんなところに住まいをかまえるとは、その住人の意地のようなものが感じられ、なにか譲ることのできない事情があってのことだろうと察せられる。

内戦の傷跡を残したままの住居ビル

　次に案内されたのは、見上げるほど大きな廃墟ビルの前。残っているコンクリート壁にはグラフィティアートのようなものがたくさん描かれている。

「スナイパーがここから銃弾を放った」

　ビリーの説明はここでも一言で終わる。見せるだけ見せるから、あとは自分で考えてと言わんばかりだ。それで私は、ゴーストのようなその鋭角的なビルを見上げながら、セルビア系のスナイパーのあとはクロアチア系のスナイパーが、ムスリム系住民を標的にしたのだろうと、想像した。地図上で照らし合わせてみると、この内戦の遺物は「スナイパータワー」と表示されていた。

ビリーの説明は一様にこんなふうで、ボスニア・ヘルツェゴヴィナでもっとも激烈な戦闘があったといわれるモスタルの、その激戦を語るのに、生き残った者としての気持ちが込められているかといえば、私にはそういうふうには聞こえてこない。今の彼の推定年齢からすると、当時は高校生くらいだったと思われるが、自分の戦争体験についてはまったく話さない。かといって個人的な領域に無神経に立ち入って、私からあれこれ聞くわけにもいかない。

そのうえ、ビリーの案内は、やけに腰が引けていた。

あとから知ったことだが、最初に見た廃虚もスナイパータワーも、自己責任で中に入ることができる。スナイパータワーの内部を見て回れば、当時使われた薬莢《やっきょう》の残骸などが今も残っていることが確認できただろう。それなのに、私たちはそれらの前に突っ立って、外からボーッとながめているだけだった。ビリーは私に、中に入れるけど入ってみるか、と聞くこともしなかったのだ。私はフィールドリサーチをするつもりでガイドをしてもらったわけではないが、貴重な観察の機会を逃した気がして残念に思った。でも、ビリーにとっては自分たちの生命を狙ったスナイパーが陣取ったビルの中に入っていくのは気乗りがしないとしても無理はない。そんなふうに振り返って、案内人の心情を察しようとした。

スナイパータワーの付近は広場になっていて、大変目立つオレンジ色の四角い建築物が向こうに建っていた。ビリーは「あれは学校だ」としか言わないので、あとから自分で調べたところ、その建物はギムナジヤ・モスタルという。学校だとビリーが言ったのは正しく、もともとハプスブルグ帝国——あるいはオーストリア・ハンガリー帝国ともいわれる——の統治時代に作られた教育機関だった。開校当時からどの民族の子どもにも開かれた学校で、ユーゴスラヴィア時代には、連邦の中でもっとも優れた名門校ともいわれていた。しかし、内戦後、クロアチア系が占める市議会によってこの教育機関の権限がクロアチア系自治体に移されて、クロアチア系の子どものための、クロアチア語による、クロアチア教育の公立高校へと一方的に変更されてしまう。

今も残るスナイパータワー

その後、国際支援の後押しによって学校は再統一され、ムスリム系の生徒が再びここで学べるようになった。しかし、実際には異なる民族の生徒が以前のように肩を並べて学ぶことはなく、クロアチア系とムスリム系の生徒は違う階に分かれ、それぞれの言語を使い、それぞれのカリキュラムで学んでいる。派手なオレンジ色の特徴ある外観は、建設当時に流行ったデザイン様式によるもので、その建物自体に歴史的価値がある校舎は、内戦で一部損壊したものの、全壊は免れた。

そのオレンジ色の校舎から目を泳がせて、ビリーが言った。

「ここはスパニッシュスクエアと呼ばれている。戦争で亡くなったスペイン人を記念するために、そう名づけられた」

「亡くなったというのは国連のピースキーパーのこと？」

「そう、ピースキーパー」

ビリーは、思い出したというようにオウム返しした。

この紛争では、国連の平和維持活動として、国連保護軍（United Nations Protection Force, UNPROFOR）がボスニア・ヘルツェゴヴィナに展開した。モスタルではスペイン軍部隊がUNPROFORの中心部隊として活動し、激しい民族対立の中で人道支援物資の運搬などの危険な任務を遂行し続けて、十五名の殉職者を出した。これらの献身的なスペイン人ピースキーパーたちの犠牲をたたえるために記念碑が設置され、この広場一帯が「スパニッシュスクエア」と命名されたのだ。

スパニッシュスクエアの一角を占めるスナイパータワーは、内戦前はモスタル最大の銀行ビルで、スクエアにはそのほか、あの名門校や市庁舎という代表的な建築物が並んでいた。そのうち、学校だけが生き残った。

モスタルの民族紛争の歴史がうかがえるこの広場は、今日では、両方の民族の若者たちが開く平和アピール集会の場となることもある。ここから北側の地区は、近年、欧米の有名ショップやホテル、映画館、スポーツ施設などが入る大型ショッピングモールが建てられるなど、モダンな新市街として発展している。ここにはどちらの民族の人たちも訪れる。というよりも、だれも民族のことを口にしない。民族間の緊張など、ここでは邪魔になるだけだ。そうした新しい人気スポットが誕生しているのもまた、モスタルの今の姿だ。

オレンジ色の校舎の奥には、再びあの十字架の山が出現していた。山頂に十字架がそびえているので、モスタルのどこからでも人目について、やたらと主張してくる。

「山の名はフム山、十字架は戦争が終わる時、クロアチア人が建てた」

山については多少、具体的な説明をビリーがした。しかし、

「あの山は遠いから、登れない。すごく時間がかかるから」

私から頼まれる前に断ってしまおうという気持ちがあったのだろうか。ビリーは強い口調で素早くつけ足した。

また予防線を張られてしまった。自分としては、せっかく車での個人ガイドを頼んだのだか

ら、山の上まで行って、昨日から何度も視界に入ってくるあの十字架の実物を近くから自分の目で確かめてみたい気持ちがあった。でも、ボシュニャクのビリーにそんなことを頼むのは無理な話だろう。いや、無理というより極めてデリカシーに欠ける行為に違いない。それで、私はあえて反論しなかった。

それからビリーは車を走らせて街を抜け、日本による戦後復興支援に関連する場所や、ユーゴ時代の遺産のような軍事施設跡を案内してくれた。車を降りて歩くと、足元の地面にかわいらしい小さな赤いベリーをたくさんつけた草が低く広がっている。高く伸びる一本の樹木には黄緑色の葉に混じって茜色《あかね》をした大きな実がいくつかなっていた。

「あれはザクロかしら」

自然系ガイドはしていないのか、ビリーは自信なげにうなずく。

あたり一帯の山々が不毛な感じにグレーの山肌を見せているのは、太陽の日差しが強すぎて緑が育たないからだとビリーは言ったが、そんな過酷な自然環境にも負けず、放置された空き地の片隅に、ひっそりと生命が息吹いている。そんなささやかな発見が、私に喜びをもたらしてくれた。

内戦で激しく傷つけられてしまったが、モスタルの土地は、本来、こうしたたくましさと素朴な美を湛《たた》えているのだろう。ここに暮らす人々もきっと、同じ。強靭《きょうじん》で、しなやかに生き抜く力を持っている。だから、この地に住む人々には、対立の芽を辛抱強く摘みながら、慈しむ大地に平和の種をいっぱいまいてほしい。そう願わずにはいられなかった。

ガイドのビリーは、私が期待していたような熟練ガイドとも戦争体験の積極的な語り部とも違ったが、それでも結局のところ、ガイドをお願いしてよかった。自分の周りに「自分は中立」という予防線をぐるぐる巻きにしている彼は、ガイドの仕事をしているときにはあえて怒りや憎しみという負の感情にブレーキをかけているのかもしれない。熾烈なモスタルの内戦を生き残った人ならだれでも、語りはせずとも過去の記憶が自分の中の奥深くに残っているはずだ。

内戦中の記憶だけではない。トラウマは今もなお、この地に住む人々を束縛している。それは、モスタルのムスリム系住民にとっては信じがたい決定がアメリカの仲介による和平交渉でとりまとめられたことに起因している。自分たちと同じムスリムの大統領は、この国の新たな平和の形として、モスタルで自分たちの「浄化」を図った虐殺者であるクロアチア系勢力と同盟を組んで、両民族で新たな連邦を形成することを選んだのだ。ムスリム系政府の敵はセルビア系勢力であって、モスタルのような特例を除き、クロアチア系勢力は敵ではなかったからだ。

そして、モスタルの人たちの民族感情を無視したこのゆがんだ体制は現在まで続いている。戦いが終わったあとで、今度は虐殺者との共存という課題を突きつけられて生きてきた人たちの苦悩は、部外者がわかり得るものではない。ましてや戦争体験をなんら持たない自分が想像してみたところで、なんの答えにもならない。

それでも私は、私なりに理解したいと思うのだ。

ペンションに戻る途中、ビリーは運転しながら、内戦中に腎臓を一つ失ったという自身の体験をポツリともらした。詳しいことは相変わらず語らないので、その時の状況はわからない。でも、なにかとてもむずかしいことを告白するかのようなビリーの苦しげな表情を、私は忘れないでおこう。そう思った。今の私にできることは、記憶することくらいしかないのだから。


モスタルの「民族浄化」は遂げられず、かろうじて残された民族多様性は、両民族の根深い分断に形を変えて命をつないでいる。オリエンタルな雰囲気に包まれたオールドバザール、そしてモスタルの象徴だったスタリ・モストも再建された。しかし、どちらかの民族の住民がその平和の橋を渡って別の民族の地域に行って交流することはほとんどない。ボシュニャク系住民とクロアチア系住民が同じ職場で働くことはなく、それぞれの子どもたちはいっしょに遊ばない。自治体も別々だ。

だが、ここを訪れる旅行者は、今も残る内戦の影よりも、再生されたモスタルの美しい光の部分を楽しむことに忙しい。たぶん、モスタルで一番自由なのは、民族の境界線に縛られることのない気軽な外国人観光客だろう。もっとも多い白人の観光客の姿は、ボシュニャク系地区のオールドバザールやスタリ・モストでも、クロアチア系地区の教会でも見かける。これらの人たちはたいていクリスチャン的バックグラウンドを持っているのだろうけれど、モスタルへ旅する目的は、異なる宗教や文化を批判することではなく、むしろ、そうした宗教や文化の違いに触れることにあるはずだ。そうした旅人なら、異国情緒あふれるヨーロッパの古都を楽しみたいという思いから、ムスリム地区とカトリック地区の境界線を超えることに躊躇《ちゅうちょ》は覚えないだろう。モスタルの住民とは違って、行きたければどちらの地区にも足を踏み入れることができる。

ただし、カトリック信者やイスラム教の国からの観光客の場合は、自分たちの宗教的バックグラウンドを基準として、今はどちらの側にいるのかという自意識を多少は持つかもしれない。

そうしたことからすると、もっとも気楽なのは、クリスチャンでもイスラム教徒でもない観光客なのだろう。ごく一般的な日本人の観光客はその典型だ。確固とした信仰を持たず、宗教感覚があいまいで、ある意味、無関心。そんな日本人なら、なんの宗教にもとらわれることなく、ネレトヴァ川の両岸を心のおもむくままに行ったり来たりできるだろう。宗教の違いを気にすることも、宗教的な圧力を感じることもなく、モスタル観光を存分に楽しめるに違いない。

モスタルからメジュゴリエへ

旅の準備で調べたところによると、モスタルからメジュゴリエに行くバスはあるにはあるのだが、早朝の出発となり、時間的に不便だった。モスタルから車で十五分くらい、とインターネットのどこかに出ていたので、それならタクシーを頼もうか。そう思っていたのだが、宿に着いてから聞いてみると、宿のマダム——仮にFさんとしておこう——が、タクシーを呼ぶのではなくて、宿の車でメジュゴリエまで送ると言った。

私は少し、戸惑いを覚えた。

ボシュニャク系オーナーに、メジュゴリエというカトリックの土地、つまり、内戦の途中から敵になってしまったクロアチア系住民がほとんどを占める地域まで行ってもらってよいのだろうか。

しかし、世代が違うのだろうか。やる気あふれる若きオーナー夫妻は、どうやらまったく気にしていないようだ。そうであれば、私のほうはなんら問題ない。しかも、十五分で着くというのはどうやらネット上の偽情報だったようだ。Fさんは、いや、十五分では行かない、一時間くらいかかる、と言った。どうりで、タクシー代相当分だとして告げられた車代がちょっと高めだったわけだ。距離的には、モスタルとその南西に位置するメジュゴリエは二五キロメートルくらいしか離れていないのだが、山間をくねっていくような道のりであれば、直線距離から割り出すより時間はずっとかかる。

車はオーナーの夫――仮にDさんとしておこう――が運転し、ガイドのビリーも助手席に乗り込んだ。宿側の都合で午後からの出発となったので、それまでの時間を使ってビリーにモスタルを案内してもらったのだが、どうやらDさんは英語が得意ではないらしく、それでビリーが引き続き、通訳がてら同乗してくれたようだ。思っていたより移動時間がかかるのはあとの予定に響くが、その間、二人と話をすることができるので、それはそれでよいではないか。そう思った私は、さっそく助手席のビリーに聞いた。

「内戦中、メジュゴリエはどんなだったか知っている?」

「内戦の影響なんて何もなかった。何も破壊されてないよ、あそこは」

ビリーは皮肉めいた口調で断言した。私たちはすでに打ち解けていたので、会話は自然とフランクな調子になった。

「メジュゴリエの人たちは当時、何をしていたのかしら。クロアチア系武装勢力がモスタルで行ったことをどう思っていたの？」

私は、自分が抱えている疑問を訴えるようにしてビリーにたずねた。だが、彼は黙って聞いているだけだ。それはそうだろう。イスラム教徒のビリーにとって、敵となったカトリック教徒のクロアチア系住民が何を考えていたのかなど、知ったことではない。

「自分たちの大切な聖母マリアが平和を繰り返し訴えているのに、そのメッセージはどうなってしまったのかしら。聖母マリアの言葉を無視したの？　矛盾していると思わない？」

旅の準備で知った聖母マリアにまつわる逸話は、すでに心に引っかかっていた。

「……私はそういうことを、メジュゴリエに行って知りたいと思っているの」

私は無言で聞いているビリーに向かって、さらに語気を強めた。すると、

「Ｙｏｕはカトリックなのか？」

ビリーが、ふと、たずねた。

突然のその質問に、私は内心、動揺を覚えた。あぁ、恐れていた質問をとうとう受けてしまった。そんな感じ。私はちょっと言いよどんでから、説明を始めた。

「そう。私、カトリックの学校に行っていたの。小さい頃からずっとカトリックのシスターた

ちに教わって育ったから、その影響でしょうね、カトリックの洗礼を受けたのは。だからもし、カトリックの学校に通っていなければ、自分はカトリック信者にはならなかったと思う」

なぜか、弁解するような口調になった。ビリーは黙って聞いていた。

「……あの、私がカトリック信者だということが、あなたたちにとって不愉快でなければいいのだけど」

イスラム教徒のビリーやDさんの気持ちを察して申し訳なさそうにつけ足すと、

「そんなこと、まったく問題ないさ」

ビリーは助手席から、後ろに座っている私を振り返って言った。

「気にする必要なんかないよ。自分の家族にも、違う宗教の人と結婚している者がいるよ」

どちらかというとシニカルでぶっきらぼうなビリーが、それまでは見せなかったような気遣いを言葉に込めてくれたので、私は心をゆるめた。あわせてビリーが伝えたかったのは、たぶん、ムスリム系とクロアチア系、あるいはセルビア系の人たちが結婚するという、内戦以前は普通にあったことがビリーの家庭にもあったという身内の話なのだろう。

自分がカトリック信者であることを告白し終えた私は、さらに、日本人の信仰全般について少し説明する必要を感じて、続きの会話の話題にしてみた。

日本ではキリスト教は超マイナーな宗教。日本は歴史的には仏教の国。でも、だからといって、今は日本人が皆、仏教徒というわけではない。昔はたいてい、仏様をまつるものが家に置かれていたけど、今では仏様を毎日拝む人なんて、それほど多くないんじゃないかしら。とはいっても、お葬式は仏教で営むのが普通なの。結婚式は教会で挙げるのが人気かな……。

と、自分でも首をひねりつつ、なんだかわかりにくい話をした。仏教と日本人の関係についてだけでもうまく説明できないので、神道や神社のことは、まったくもって言い損ねた。

「じゃぁ、日本人は、仏教の教えに従って暮らしているっていうことか？」

ビリーが聞き返してきた。この国の人たちと違って、昨今の日本人は宗教というものに対してさほど強い意識を持っていないのが一般的だというようなことを言ったつもりだったが、その私の意図はほとんど伝わらなかったようだ。

「うーん、そういうわけではないけど……」

ビリーの問いに、私はさらに首をひねってしまった。

日本人の宗教観について外国人に話す機会はたまにあるが、なんと説明すればよいのかいつも困ってしまう。特に、宗教間の対立にがんじがらめにされてきたこの国の人には、宗教が大切ではないなんて、常識を超えて想像すらできないことかもしれない。だから、ビリーはきっとよくわからなかったのだろう。仏様に手を合わせなくなった日本人が、かといってクリスチャンになったわけでもないのにクリスマスを盛大に祝う。そんなことまで話したら、この国の人たちをますます混乱させてしまうに違いない。

モスタルからメジュゴリエへの道程は、なんの変哲もない小山や空き地が続くだけ。十五分で着くというのは確かに間違いだったが、ビリーと話をしているうちに予定の一時間より少し早く、ゲストハウスやペンションがところどころに並ぶ村に入った。ビリーが言ったとおり、窓の外をながめていても、ここではモスタルとは違って銃弾や砲弾の跡が残る建物はまったく見かけない。

私が泊まるのは、アイリッシュハウスという宿泊施設。写真で見る限りではホテル並みの規模なので、簡単に見つかるだろうと思っていたら、私たちは見事に道に迷った。

実は、メジュゴリエでもファミリー経営の宿を予約していたのだが、前日の午後になって、先方から「部屋に水の問題が生じたので宿泊不可能になった」というメールが届いたのだ。水の問題とはなんなのか不明だったが、泊まれないという知らせに、あわててペンションの弱いWiFiにスマートフォンをつなぎ、画面とにらめっこをして空室のある宿を探して、急遽《きゅうきょ》、新たに予約を入れた。

そういう事情で宿の場所を事前にプリントアウトしたマップはないし、私のスマートフォンはSIMカードのトラブルで、この国のどこでも使える状態にはなっていなかった。それで、住所をメモに控えてビリーたちに手渡したのだが、彼らもわからないらしい。車にはカーナビは付いていなかった。

あてずっぽうにしばらく車を走らせたが見つからない。困ったなぁと思っていたら、ビリーとDさんが車を停めた。どうやら、通りがかりの道端に停車している車の横で立ち話をしている人たちに、道をたずねることにしたようだ。二人は車を降りてその人たちに近づくと、ビリーが話しかけた。英語で話していないので、相手は地元の住民か、近隣からのクロアチア人巡礼者か。三〇代から四〇代くらいの男女四人。家族だろうか。いずれにしてもカトリック信者であることは間違いないはずだ。

クロアチア語とボスニア語はほぼ同じだが、イントネーションの多少の違いでどちらの民族かわかるという。それで、クロアチア語とボスニア語で話していると思われる人たちを、私は車内から落ち着かない気持ちで見つめていた。

大丈夫だろうか。あなたたちの来るところじゃないよ、とか、勝手に自分たちで探しなさいよ、とか、冷たくあしらわれてしまわないだろうか。私が一人、車内からはらはらして見守っていると、彼らが戻ってきた。

「どう？　道、わかる？」

私が助手席のビリーに声をかけると、

「あの人たちが、車で案内してくれることになった。だから、あとをついていくよ」

二人の女性が乗り込んだ車のほうに視線を向けて、ビリーが答えた。

まぁ、なんて良い人たちなのかしら。突然現れた、明らかによそ者とわかる私たちをわざわざ車で誘導してくれるとは！

ビリーたちが道に迷ったのは、たぶん、これまでメジュゴリエに来たことがないからだ。それでも私を送り届けるために入り込んだ、この、以前敵対していた異民族の土地で、彼らがいやな思いをするようなことがないように、と私は内心強く願っていたから、事の成り行きに一安心して肩の力が抜けた。見ず知らずのカトリックの人たちの、思いがけない親切に感謝した。


こうして、私たちはやっと、アイリッシュハウスに到着した。この宿は、名前からしてアイルランド人巡礼者のための宿泊施設のようなので、私みたいな日本人が泊まることに多少の遠慮を感じたが、アクシデントで突然の変更を余儀なくされたのだからやむを得ない。ファミリー経営の宿よりだいぶ規模が大きいから、前日の午後でも部屋に空きがあったのだろう。

自分としては、せっかく訪れたメジュゴリエなのに急場しのぎの宿に泊まることになって不本意だったが、ビリーたちに送ってもらうことを考えると、ここにしてかえってよかったかもしれない。

　というのは、モスタルのボシュニャク系住民の目に十字架がどのように映るのか、私には容易に想像できるようになっていたからだ。クリスチャンにとって十字架は信仰のシンボルでも、彼らにとってはそうではない。初めに予約していたのはメジュゴリエの拠点となっている教会の向かいにあるペンションだったので、そこに私を送るためには、ビリーたちはいやでも十字架が付いた教会を目にする、というより、教会を目印にして宿を探す必要があった。それはきっと、彼らにとってはあまり面白いことではなかっただろう。それに対して、アイリッシュハウスは教会から離れた場所にあったので、彼らは教会も十字架も目にすることなく私を送り届けることができたのだ。

　それに加えて、宿の名前もクロアチア系の名前ではなく、民族対立とは無関係の英語圏の国の名前がついた宿だったことも、彼らの心の負担を軽くすることにつながったかもしれない。

　実際、ビリーとDさんは、アイリッシュハウスの前で私を降ろして行ってしまうのではなく、私のスーツケースを運びながらいっしょに中まで入ってきて、私の予約がきちんと取れているか、わざわざ、受付の女性に聞いて確かめもしてくれた。受付の女性はアイルランド人ではなく地元のクロアチア系住民なのだと思うが、会話はいたってフレンドリーなトーンのように私の耳には届いた。

モスタルで内戦跡を案内してもらっている時に、私が「暑い、暑い」と、文句のように言っていたので、ビリーは、

「冬は寒いから、今度は冬に来るといいよ」

と、最後に言った。

私たちは再会を願いながら、別れの挨拶を交わした。

二章

聖母の出現

メジュゴリエ全景
右に出現の丘、左に聖ヤコブ教会

★

それは、ボスニア・ヘルツェゴヴィナ内戦が起こる一〇年ほど前のことだった。

正確には、一九八一年六月二四日、洗礼者ヨハネの祝日から始まった。クロアチアに近いヘルツェゴヴィナの小さな村メジュゴリエで、数人の若者たちの身の上に起こったとされる出来事だ。丘に聖母マリアが姿を現され、驚く若者たちに、

「私は『平和の女王』です」

と、名乗られた。そして、聖母は、平和を求めるメッセージを若者たちに託した。

そう信じた若者たちの話は、聖母マリア出現のうわさとなって、あっという間に広がり、国内はもとより、世界中から何千人もの人々——自分も聖母マリアを見たいという信仰者、事の真偽に疑問を持つカトリック関係者、興味本位のメディアなど——が、なんの変哲もない片田舎に押し寄せることになった。

このミステリアスな騒ぎが起こった当時のボスニア・ヘルツェゴヴィナは、多民族国家ユーゴスラヴィアの一共和国だった。ユーゴスラヴィア建国の父で、カリスマ性にあふれたティトー大統領は、その約一年前、一九八〇年五月に死去していた。強力な指導者を失って

不安定化するユーゴの社会主義政府は、このメジュゴリエでの騒動を、宗教を使ったクロアチア人による政治的陰謀だと疑い、証言者となった若者たち六人は、全員、警察から厳しい取り調べを受け、病院で綿密な検査をされた。

しかし、個々の話に矛盾は見つからなかったし、どの若者たちにも心身の異常は認められなかった。犯罪者かのようなひどい扱いを受けても、若者たちは皆、話を変えたり、打ち消したりすることはなかった。猜疑する者たちからはうそつきだと罵《ののし》られ、さらには金もうけだとひどく非難されたが、聖母マリアのメッセージと引き換えに、若者たちやその家族が金銭を要求することもなかった——

メジュゴリエの聖母マリア出現の信奉者たちは、以上のように証言する。

これらの者たちは皆、一〇代で、カトリックの教義に詳しいわけではなかったが、カトリックの家庭に生まれ育った環境から、祈ったり教会に行ったりするのが習慣の、ごく普通の信者だった。その素朴な信仰から、突然、丘に現れた神秘的な若い女性の姿を見て、直感的に聖母マリアだと悟ったのだという。そして、バッシングの嵐にもめげずに自分たちの不思議な体験をひたすら信じ続けたが、その若者たちを支え、メジュゴリエの聖母マリア出現の信仰とメッセージを守り広めてきたのが、地元のフランシスコ会の教会と司祭たちだった。彼らも監視や批判や妨害を受け、司祭の中には投獄される者も出た。

地元フランシスコ会の司祭たちが、聖母マリアの出現に疑いを抱かないこれらの若き信者たちを熱心に擁護する一方で、カトリック教会の総本山であるヴァティカンのローマ教皇庁は異なる態度を取ってきた。教皇庁を頂点とするカトリック組織の末端としてメジュゴリエを管轄する教区司教は、日に日に数を増す巡礼者によって引き起こされている大混乱を収める必要性に迫られ、事態に対応するために委員会を設置した。以後、さまざまな調査が繰り返されたが、言われているような超自然現象は確認できなかったとし、教区司教はその地への巡礼を禁止した。それ以来、メジュゴリエでの聖母マリアの出現はなかったというのが、歴代の管轄教区司教の一貫した姿勢だ。教皇庁はメジュゴリエに関する最終見解を、本書執筆の時点において保留したままでいる。

メジュゴリエの聖母マリア出現について簡単にまとめると、このようになる。

救い主の母マリアを慕う

カトリックの信仰によれば、マリアは救い主イエス・キリストの母となるために神から選ばれた特別な女性であり、すべての人が生まれながらに負う原罪から免れるという恩恵を特別に授けられたと考えられていることから、無原罪のマリアとたたえられている。神の御心《みこころ》に従ったマリアは、人間でありながら、神とイエス・キリストに次ぐ聖なる方とされ、聖マリア、聖母マリア、さらには神の母とも呼ばれる。この世での生涯の終わりには、再び神の恩恵によって肉体も霊魂もともに天に上げられたとされ、聖母マリアの被昇天と呼ばれて祝われている。

そして、神の教えを説くイエスに寄り添い、見守り続けたマリアは「我らの母」として、カトリックの信仰者から大変、敬愛されている。多くの恵みと徳にあふれる聖母マリアの取り次ぎを願う祈りを、熱心に唱える習慣がカトリックにはある。

祈るだけではない。聖母マリアにささげられた教会も、世界各地に数多く建立されてきた。その一例は、日本人もよく知るパリのノートルダム大聖堂。古い歴史を誇る巨大で荘厳なカテドラルだ。二〇一九年、大規模な火災によって甚大な被害を受けたことは記憶に新しい。

「ノートルダム」（Notre Dame）とはフランス語の言葉どおりに訳せば「我らの貴婦人」というような意味になるが、概念上、聖母マリアのことを指している。つまり、ノートルダム大聖堂は、聖母マリア大聖堂ということだ。日本人の中には、パリのノートルダム大聖堂という名は聞いたことはあってもその名の意味まではわかっていないという人がいるかもしれない。

ついでにもう一つ、日本人に多い誤解を解くと、ノートルダムと名のつく教会は、その焼けてしまったパリの大聖堂だけではない。フランスにはほかにもいくつもあるし、フランス語のみならず、それぞれの国の言葉で聖母マリアの名を冠した教会が地球上に点在している。

と、カトリックの信仰において、聖母マリアがいかに特別で大切な存在であるか、カトリックの教えになじみのない日本人には多少の説明が必要なのだろうという思い込みから、話が脇道にそれた。

ルルドで、ファティマで

聖母マリアの出現について話を戻すと、聖母マリアがこの世に姿を現されたという話は、古くから世界のあちらこちらで伝えられてきている。それらは伝承や幻想の域を出ないものが多い一方、ローマ教皇庁から、超自然現象として公式に認められたものもある。

公認されたものの中でもっとも有名なのは、フランスのルルド、それに続くのがポルトガルのファティマでの超自然現象だろう。ルルドはフランスの南西部、ピレネー山脈のふもとにある村で、一八五八年二月、地元の貧しい家庭に育つ十四歳の少女に聖母マリアが姿を現された。マリアはルルドの洞窟で少女に十数回出現され、人々に罪の悔い改めを呼びかけるメッセージを発せられた。そこに聖堂を建てることも願われた。

ある出現の時には、少女は聖母マリアにかけられた言葉のとおりに地面の硬い土を懸命になって両手で掘った。すると、そこから泥水が湧き出し、少女がそれを飲むと、うわさを聞いて集まっていた大勢の大人たちは、その姿を見て「気が狂っている」と嘲笑した。大人たちには聖母の姿は見えず、聖母の声も聞こえなかったからである。だが、その泥水はやがて清い水になり、それがルルドの泉の源となった。そして起こったのが、その泉の水で病人が癒やされるという奇跡だ。

汚れなき聖母の出現、そして病者の治癒という奇跡。どちらも教皇庁から認められて、ルルドは世界中から毎年何百万もの巡礼者が訪れる、聖母マリアにまつわる最大の聖地となった。

その約六〇年後に起こったファティマでの出現は、ありようが異なっている。第一次世界大戦中の一九一七年五月、ポルトガルの村で、三人の幼い羊飼いに聖母マリアが輝く姿を現された。目撃者は一〇歳と七歳の少女、そして九歳の少年だ。最初の出現でマリアに言われたとおり、子どもたちは半年間にわたって同じ場所におもむいてはマリアと親しく会話した。マリアは罪人の悔い改めを求めて祈るように、そしてまた、ルルドのときと同じように聖堂を建てるように子どもたちに伝えたが、大人たちはそんな話はすべてでまかせだと、子どもたちを一時投獄するまでした。子どもたちはそれでも決して話を変えずに聖母マリアのために頑張ったが、困り果てて、どうしても信じようとしない大人たちが信じるようになるためのしるしをマリアに求めた。すると、太陽が異常な動きを示す奇跡が起きて、群衆がそれを目撃したという。目撃者は恐れおののき、多くの者が信じた。

ファティマの聖母マリア出現も超自然現象として公認されることになったのだが、世の中の注目を特に集めたのは、聖母マリアがファティマの子どもたちに託されたという多くの予言的メッセージに理由がある。第一次世界大戦の終結や第二次大戦の勃発を示唆する「ファティマの予言」は、カトリックの信仰の有無には関係なく、世界中の暗示好きな者たちの好奇心をかき立てた。さらに、聖母マリアの願いによって一九六〇年まで秘密とされていた「第三の予言」の公表を教皇庁が先送りしたことで、終末論的な興味がより一層広がることとなった。


ヨーロッパではルルドをはじめ、同時代に聖母マリア出現の現象が、ある意味、ブームのようになって頻繁《ひんぱん》に報告されたのだが、それよりさかのぼってアメリカ大陸で聖母マリアの出現があったという話も、カトリック信者の間では知られている。メキシコでの出来事だ。

一五三一年十二月、先住民でカトリックへの改宗者に聖母マリアが姿を現され、出現されたその丘に聖堂を建設するよう司教に告げることを求められた。前の二例では聖母のメッセージの受け手は子どもたちだったが、ここでは五〇代の中年男性が選ばれた。人物像は相当違うが、メッセージの受け手は皆、従順で、純粋な信仰心の持ち主だったという点で共通している。改宗者の男性はマリアに言われたとおりに司教のところへ行き、マリアの言葉を繰り返し伝えるが、司教は信じず、それが本当なら聖母からしるしをいただくように言いつけた。マリアは再び姿を現し、事情を聞くと、丘一面にバラの花を咲かせ、それを集めて持っていくように言われた。男性が自分の着ていたマントにその花を包んで司教のもとへと走ると、司教は冬に咲くはずもなく、メキシコにはない種のバラの花の高貴さに驚き、さらにはそのバラを包んでいたマントに映し出された聖母マリアの御姿《みすがた》を見て、自分の不信を泣いて詫びたという。この日、死の床にあった男性の叔父が、聖母マリアの言葉どおりに癒やされるということも起こった。

丘には聖母マリアの求めに従って教会が建てられ、聖母マリアの出現は公認された。マントに残った聖母マリアの御姿は「グアダルーペの聖母」と呼ばれるようになり、その聖母がまつられている大聖堂は、アメリカ大陸中から信者が祈りに訪れる一大巡礼地となっている。

聖母マリア出現について、メジュゴリエの現象を考えるのに必要最小限の予備知識としてもう少しだけつけ足すと、聖母マリアの出現が正式に公認されるか否かの決め手となるのは、出現があったとされる現地を管轄する教区司教の見解だ。教区司教がその出現が本当にあったと認めなければ、公認には至らない。

この点、メジュゴリエではネガティヴな状況が続いた。その地を管理する教区司教は、当時からメジュゴリエでは聖母マリアの出現は起こらなかったとし、司教が交代してもその姿勢は一貫した。そして司教はメジュゴリエへの巡礼を禁止したのだが、そんな禁止令にもかかわらず、巡礼者は年々増える一方となった。ボスニア・ヘルツェゴヴィナ内戦の勃発から終結までの一時期、巡礼者が減ったのが例外で、現在、メジュゴリエは、ルルドやファティマ同様に、ヨーロッパにおけるカトリックの一大巡礼地となっている。

月日が流れ、聖母マリアと出会ったという六人の若者たちは成長して成人となり、結婚し、家庭を持っている。そして皆、クロアチア語で「ゴスパ」と呼ばれる聖母マリアとのコンタクトについて、当時から現在に至るまで、固く、深く、信じている。さらに驚くことに、これらの特別な六人の言うところでは、今でも、この中のある者には毎日、残りの者たちには年に一回、聖母マリアの出現は続いているというのだ。

しかも、メジュゴリエの超自然的な現象は、聖母マリア出現だけにとどまらなかった。ルルド同様に病気の治癒の奇跡が起こったという話が伝えられるようになったかと思うと、ファティマ同様に聖母マリアが若者たちに秘密を伝えたという話にもなった。

カトリック信者の間ではメジュゴリエ熱は冷めるどころか高まり続け、その人気のあまり、メジュゴリエは、ヴァティカンを悩ませる問題児のような存在になってしまった。今では年間数百万人もの巡礼者が世界中から訪れる、ヴァティカン非公認の異色な「聖地」となっている。

しかし、状況は変わりつつある。

詳しくは四章で後述するが、二〇一九年五月、フランシスコ教皇はメジュゴリエへの公的な巡礼を許可された。ただし、これはメジュゴリエの聖母出現の公認ではなく、メジュゴリエ現象に関する考察は今後も続けられる。それでも、ヴァティカンとメジュゴリエの関係は、新たな段階に入ったような気配が漂ってきた。

一方で、そもそもカトリック信者が私的に訪れるのは個人の自由によるものだから、だれも止めることはできないという事実も、ヴァティカンの意向とは関係なしにあり続けた。巡礼的な動機をあえて口外しなければ、メジュゴリエはただの旅先であるし、おおっぴらにもひそやかにも、私的な巡礼は絶えることがない。

私の場合は、偶然見た映画の中で、自然豊かな異国の地にある教会が映し出され、さまざまな国々の人たちが祈る光景が目に留まったのがきっかけだった。そこには聖母マリアの丘というすてきな場所もあると知って、心を惹かれた。とはいっても、深遠な信仰的動機があったわけではない。自然の中で祈るのもよいが、丘を登るのは日頃の運動不足解消にもなりそうだ。そんないい加減な考えが浮かんできた。

現実面から言えば、国際協力の仕事との関連から、紛争国だったボスニア・ヘルツェゴヴィナが今、どうなっているのかという関心が自分の中にまず生まれたわけで、この国を訪れるなら、せっかくなのでこの美しい巡礼地にも足を伸ばしてみようかしら、と考えた。紛争地跡を巡るという目的からは逸脱するけれども、カトリック信者としては省くのは惜しい。追加オプションとしてメジュゴリエ滞在をつけ加えてもいいかな。そのようなゆるい感じだった。そして時間的な都合がついたので、私は特に深い考えもなく、メジュゴリエに行くことを決めたのだ。

しかし、実際にこの国を訪れてみると、出発前の単純な想いとは裏腹に、私は、時に平和の問題に、時に信仰の問題に直面し、その時々、立ち止まっては混乱する自分の頭の中も心の中も、整理しなければならなくなったのだが……。

偶然ではなく、必然。決められた導きだったという人がいるかもしれない。いずれにしても、あの時、なんの気なしにメジュゴリエの聖母マリアの映像を目にしなければ、私はこうしてこの国に来ることはなかった。それだけは、一〇〇パーセント、確かなことだ。

聖ヤコブ教会

メジュゴリエの司牧の中心は、フランシスコ会が建てた聖ヤコブ教会だ。入り口の広場に足を踏み入れるとすぐ右側に、聖母マリアの白い石像がたたずんでいて、来る者を優しく迎えてくれる。

現在の教会は聖母マリア出現騒動より一〇年以上前に、古くなった教会の代わりとして建てられたものだが、日本の教会の建物は小さいものが多いので、それらと比べれば大きい部類に入るだろう。でも、ヨーロッパには荘厳で豪華絢爛な装飾が施された教会が多々あるので、それらと比較すると、質素でつつましい印象を受ける。ツインの鐘塔が両側にあり、いずれにも時計がはめ込まれていて時計塔にもなっている。見れば今何時かわかるので、訪れる者には大変便利で、その実用性が面白い。ミサに遅れないようにと、教会から暗に注意喚起されているみたいでもある。こんなふうに時計がはめられた教会は、実のところ、ヨーロッパでは時々見かける。

という私は、メジュゴリエに宿泊している間、その時計の針を目に、あせって教会に走り込むことを繰り返していた。一日はミサと祈りで始められる。それが模範的なカトリック生活だ。聖ヤコブ教会では各国語のミサがあるが、私は午前一〇時からの英語のミサにあずかっていた。宿泊先のアイリッシュハウスは教会から歩いて一〇分ほど離れた距離にあるので、教会周辺に点在する宿泊施設に泊まっている人よりは、行くのにちょっと時間がかかる。そんなことを言い訳に、私は毎朝、ミサの時間に遅刻寸前といった始末で、いつも後ろのほうでミサ中ずっと立ちっぱなしだった。英語圏からの巡礼者が多いのか、英語のミサが行われる時には、連日、教会が満員になるのだ。

私と同様にたくさんの人たちが立っているのだが、そのほとんどがアメリカ人で、ミサを司るのもアメリカ人の司祭だった。と、これはなかなか思いがけないことだった。なぜなら、ヨーロッパにあるカトリックの名所を訪れる英語を話す人たちといえば、私が泊まっている宿の名前にあるように、たいていアイリッシュ系の人たちと決まっているからだ。

英語といっても、アメリカ人とアイルランド人では発音やアクセントがまったく違う。私はアメリカに住んだことがあり、さらに、さまざまな国々の人たちと仕事をしてきたので、国によって違う英語の発音の特徴をだいたいにおいて聞き分けることができる。だから、教会の中で漏れ聞こえてくる人々の会話や司祭の話し方で、「あら、アメリカの人？」と意外に思ったのだ。

ヨーロッパのカトリック巡礼地にアメリカ人がいっぱいいるというこの不思議の理由は、二

聖ヤコブ教会と入り口にたたずむ聖母マリア像

日目のミサの始まりを待っている時に耳に入ってきた会話の内容から明かされた。

　あぁ、なるほど。そういうことか。この人たちは、オハイオから来ている巡礼団なのだ。そうわかって、私は内心、納得した。オハイオといえば、ボスニア・ヘルツェゴヴィナの民族紛争を終結させる和平合意が成された地だからだ。

　一九九五年十一月、当時のクリントン政権の仲介によって、当事国三国の大統領――ボスニア・ヘルツェゴヴィナのイゼトベゴヴィッチ大統領、クロアチアのトゥジマン大統領、セルビアのミロシェヴィッチ大統領――がオハイオ州デイトンの空軍基地に参集して協議を重ね、和平合意がまとめられた。それにより、三年半以上続いたボスニア・ヘルツェゴヴィナの内戦は、ようやく終わりを迎えることとなったのだ。その歴史的な出来事から、オハイオの人たちがこの国に特別な結びつきを感じていてもおかしくはない。と、その時はひらめき感覚でそう思ったのだが、オハイオから来たカトリック巡礼団について気になったので、調べてみると、オハイオのデイトンと聖母マリアを結びつける実在のものがあることを知った。それはマリア研究の図書館と学術機関で、デイトン大学に付属している。マリア研究に特化した機関というもの自体が現代では世界的にみてもそう多くはないと思われるが、デイトン大学はマリア会というカトリック修道会によって設立された大学なので、マリア研究の図書館や学術機関が開設されたのも自然な発展の成り行きなのだろう。現在、学術機関は大学の学部に吸収されているということだが、プロテスタントが主流の、つまり、カトリックは少数派であるアメリカでこのようなマリア研究が専門的に行われているのは、かなりめずらしいのではないだろうか。宗教的な理由なのか、別の事情があるのか、私はまだ理解するに至っていないが、デイトンは、メジュゴリエの聖母出現やボスニア・ヘルツェゴヴィナの民族紛争とは無関係に、それ以前から聖母マリアとの結びつきが強い土地であるらしい。

そんなデイトンのカトリックの人々がメジュゴリエへと巡礼するのは、なによりも聖母マリアへの敬慕からであり、出現現象が申し立てられるとともに、デイトンからの巡礼は始まって今日に至っているのではないか。デイトン合意と呼ばれる和平合意がされた土地柄だから、という即座の解釈はまったくの見当違いではないにしても、私はそんなふうに思い直してもみた。

さらに、デイトンと聖母マリアとの関係性をひとたび知れば、ボスニア・ヘルツェゴヴィナの民族紛争を終わらせる合意が成立した場がアメリカの別の地ではなくデイトンだったのは、そこにアメリカ空軍の基地があったからではなく、聖母マリアゆえなのでは……と、そんなことも想像されてしまうのだ。憎しみ合い、対立し合う代表者たちがデイトンに導かれたのも、交渉は非常に困難で決裂の事態も想定されていたにもかかわらず、平和の礎を築く道が開かれたのも、メジュゴリエで、デイトンで、崇敬される聖母マリアのとりなしによってもたらされた神の恵みなのでは？

カトリック信仰とは無縁の人からすれば素《す》っ頓狂《とんきょう》な話に聞こえるかもしれないが、カトリックでは、聖母マリアは神あるいはイエスと人との間を常に取り持ってくださる存在で、「仲介者マリア」と呼ばれる方なのだ。聖母マリアとの結びつきが強いデイトンのカトリック信者なら、自分たちの土地で成し遂げられた国際政治上の快挙の中に仲介者マリアの働きを認めるのはむずかしいことではないだろう。

話を戻せば、私と居合わせたアメリカ人たちがまさしくデイトンから来たのかまではわからなかったが、私がオハイオ州の聖母マリアの崇敬者たちに囲まれて朝のミサにあずかることになったのもまた、聖母マリアのとりなしなのだろうか。朝に弱く、支度に時間がかかる私は、メジュゴリエまで来たというのにギリギリセーフでミサに駆け込んでいたのだが、聖母マリアは私のそうした情けないところにあえて恵みをそそいでくださったのかもしれない。ボスニア・ヘルツェゴヴィナの民族紛争を振り返る旅の途中で、私がまだ気づいていない何かを聖母は教えようとしてくださったのだろうか。

出現の丘を登る

メジュゴリエに着いた翌日、私はミサに出てから一旦アイリッシュハウスに戻って用意を整えると、いよいよ、出現の丘へと出発した。用意といっても一〇月に暑さ対策用品が必要とは出発前には思いもよらず、日よけの帽子も日傘も持ってこなかった。仕方がないから雨用の折りたたみ傘を日傘代わりにすることにした。水のボトルをバッグに入れて、私は地図もないまま、聖母マリアが出現されたという丘に向かって、てくてく歩き出した。

ルルドやファティマについての書籍は日本語で書かれたものもいろいろとあるが、メジュゴリエの聖母出現の現象に関しては公認されていないし、ボスニア・ヘルツェゴヴィナという国自体が日本人の間ではあまりメジャーな旅先ではないので、メジュゴリエについての詳しい情報が載っている日本語の書籍は入手できていなかった。

それでインターネットで調べてみても、メジュゴリエのわかりやすいマップを見つけられないでいた。そんな状態で来たので、私は、教会でメジュゴリエの案内書やマップを入手しようと思っていた。しかし、たいていの教会では入り口付近のスペースに教会の案内やパンフレットなどが置かれているのだが、ここでは目当てのものが見つからなかった。別の建物がギフトショップになっていて、地図も置いてあることがわかったのは後日のことだった。

探したものがみつからない、欲しい物が手に入らない。マイナスの出来事が続いた結果、私は勘を頼りに丘をめざすことになった。初めての外国の土地を歩くのに地図がない。これは海外をうろつくことに慣れている私でも不安材料だ。

宿泊先の受付の女性に聞くには聞いたのだが、言葉で説明するのも地図を書くのもむずかしいような位置関係にあるらしく、教えてもらうのはあきらめた。宿にマップは置いてないのか?と思うかもしれないが、ここは観光地ではなく巡礼地。あるのは観光用の宿ではなく巡礼宿だ。ゲスト用にマップを用意するというようなサービスは、自らの足に頼って巡礼する行為には、どうも不似合いでもある。

その受付の人は決して不親切ではなく、むしろ親切で、立ち上がっては、「こう行って、それから……」というように手を動かして説明しようと試みてくれた。しかし、その宿は巡礼の団体客をメインに受け入れていて、私のような個人のゲストはあまりいない。団体なら引率者がいるから、受付係が道案内をする必要もない。だから、説明することに不慣れだったのかもしれない。目印にするほどのものがない田舎の道のくねりや向かうべき方向を、まったく土地勘のない私にわかるように説明するのもむずかしかったのかもしれない。

ただ、その受付の人の様子からなんとなく、丘に着くまでにはあてもない道を長く歩くことになるのかもしれない。そんなことが予想された。

でも、私にはなんとなく自信があったのだ。見知らぬ異国の地で教会やキリスト教に由来する場所まで勘を頼りに歩いてみることは、それまでもあって、そのたび、無事に目的地に到着することができていたから。フランスのルルドでもそうだった。あれ、この道でいいのかなとちょっと心配になっても、いや、大丈夫、マリア様に会いに行くのに道に迷うはずがない、と思い返す。そうすると、妙に自信が出てきて、そのとおり、無事、たどり着く。そういうポジティヴな経験の記憶が私の中にあった。

それで今回も同様に、天からの導きに頼ることにした。普段はいい加減でも、そういうときばかりは篤《あつ》い信仰心に燃えるということを実践してきたご都合主義者は、孤高の路の上でもすこぶる楽観的だ。

「出現の丘」はクロアチア語でBrdo ukazanjaというが、外国人には発音しにくいので、Podbrdo（ポードブルド）と土地の名前で呼ぶことが多い。英語ではApparition Hillと呼ばれている。

★

一九八一年、六月二四日の午後のことだった。メジュゴリエのビヤコヴィッチという村で、地元出身の少女イヴァンカが、ポードブルドの丘をふと見上げると、輝く女性の姿が目に留まった。イヴァンカは驚いて、

「見て！　聖母《ゴスパ》マリアがあそこに！」

と、そばにいた友人のミリアナに声をかけた。ところがミリアナは興味を示さず、「私たちのところに聖母マリアがいらっしゃるわけないでしょ」と、まったくとりあわなかった。

イヴァンカは十五歳。家族とモスタルに住んでいたが、このときは祖母が住むメジュゴリエに戻ってきていた。ミリアナは十六歳で、サラエヴォで生まれ育った。二人は夏休みになるとそれぞれの祖母の家があるメジュゴリエに滞在し、いっしょに遊んで過ごすのが常だっ

た。二人はその日も村の外れにある丘を散歩して、家に帰る道すがら、イヴァンカが聖母マリアの姿を目撃したのだ。

相手にしてくれないミリアナを追って家の近くまで帰ってくると、イヴァンカはミルカという十三歳の少女に出会った。ミルカは地元の友人の妹で、丘にいる羊の世話をしに行く途中だった。そのミルカを手伝おうと、イヴァンカが聖母を見かけた付近まで皆で戻ると、今度はイヴァンカだけでなく、ミリアナもミルカも聖母マリアの姿を遠くに見た。

時間は午後六時過ぎ。三人は恐れと喜びに襲われてどうしてよいのかわからず、泣いたり祈ったりしながらそこにいた。そこへ今度は同じ村の別の友人ヴィッカがやってきた。三人が興奮しながらヴィッカに聖母マリアのことを話すと、ヴィッカはその中では一番年上の十七歳だったが、聖母が姿を現されたという話にひどく動転したのか、突然、靴を脱いで家のある村の方に駆け出した。するとその途中、ヴィッカは二人の知り合いの青年に出会った。二人ともイヴァンという名で十六歳と二〇歳。ヴィッカの話を聞くと、二人は恐れるヴィッカを連れてイヴァンカたちのところへ駆けつけた。

そしてそこに集まった六人全員が、シルバーグレーの衣に白いヴェール姿の聖母マリアを見た。遠くに離れた場所で、小さな雲に乗って浮いておられるようだった。聖母は、近くに来るよう呼んでいるようにも見えたが、皆、恐れのあまり、近づくことはできなかった。それどころか若いほうのイヴァンは逃げ出すように走り去り、残りの者はその場でただ、白く輝くその御姿を見つめていた。

これが、「見た者」たちが証言する、最初と二回目の聖母マリアの出現の様子だ。

若者たちは家に戻ると、目撃したことを興奮のうちに家族に話した。しかし、そんなうそをついてはいけないと、家の者からひどく叱られただけだった。

翌日の同じ頃、イヴァンカ、ミリアナ、ヴィツカが聖母マリアを探しに再び丘に向かった。ミルカは母親の言いつけで参加できず、ミルカの姉のマリヤがいっしょに行くことになった。マリヤは十六歳で三人と同年代の友人だった。二人のイヴァンのうち、この日は若いほうのイヴァンだけが同行した。年上のイヴァンは、こうしたことは子ども向けのものだとして行かなかった。その代わり、村の子どもで好奇心旺盛な一〇歳のヤコヴが新たに加わった。この六人のメンバーが、メジュゴリエの「幻視者」グループとして、以後、世間の注目を集めるようになる。

六人が丘のふもとまで来ると、昨日と同じ場所に聖母マリアの姿があった。丘の上まで来るようにという聖母の招きに、今日はだれも逃げ出さず、むしろ一刻も早く近づきたいと、丘を一気に駆け登った。聖母マリアは丘の上で待っておられ、皆、その御顔がはっきりと見える距離まで近づいて、ひざまずいて祈った。聖母は昨夜と同じ服装で、若くてとても美しく、青い目と暗めの色の髪の女性だった。

激しい恐れに襲われた昨日とは一転、イヴァンカは聖母からあふれる温かく優しいオーラに包まれて安らぎを感じ、二か月ほど前に亡くなった母のことを聖母にたずねた。聖母マリアの姿を最初に見たのがイヴァンカなら、最初に聖母と言葉を交わしたのもイヴァンカだった。聖母はほほ笑まれて、「あなたのお母さんは安らかにしています。私といっしょにいます」と答えられた。

聖母はほかの者とも言葉を交わし、翌日も会われることを約束されると、

「神の平和のうちに行きなさい」

という言葉を残して姿を消された。これが、「見た者」たちが証言する二日目、三度目の聖母出現の様子である。


以後、聖母マリアは約束どおり、連日のようにこれらの小さな者たちに姿を現し、祈りと悔い改めを求めるメッセージを残された。さらに、一〇の秘密を皆に託されることが聖母から伝えられた。出現を六人全員がそろって受けていたのは最初の頃のことで、やがてそれぞれに違ったメッセージや約束が与えられることが多くなった。そしてそのうちの三人には、依然として、毎日、聖母からのコンタクトがある――というのが、大人になった証言者た

ちの申し立てるところである。

★

メジュゴリエ（Medugorje）とは「山々の間」という意味だそうだが、盆地のモスタル同様に、晴れ渡る空から陽の光がさんさんと降りそそぎ、ひたすら暑い。

私は強い日差しの下を黙々と歩いた。野外では相変わらずスマートフォンは使えずにいたので、出かける前に部屋でグーグルマップを何度もチェックして頭の中に叩き込んだ。それをもとに見当をつけた方向に進んでいったのだが、ちょうどお昼どきだからか、あたりに人影はなく、すれ違う人もいない。道を聞くにも聞けず、私はたった一人で、薄い折りたたみ傘をさしてとぼとぼと歩き続けた。だが、ずいぶん歩いたのに、前方にもどこにも、丘の気配すらしてこない。

大丈夫かな。本当に、この道でいいの？

このまま歩き続けて丘にたどり着けるのだろうか。さすがの私も、ちょっと不安になってきた。足が疲れてきたということではないが、ともかく暑い。暑さが難敵となり、一人歩む私の心身を弱体化しようと襲ってくる。それでも、一本道を前に進むしかない。足を止めずにもうしばらく行くと、ふと、道端に丘を示す小さなサインが目に入った。

あぁ、よかった。この道で間違っていなかった。私は安堵し、元気を取り戻して先を急いだ。

だが、そのあと、丘のふもとにたどり着くまでに、さらに時間を費やした。宿を出たのがお昼の十二時ちょっと前だったが、丘のふもとにちらほらとお土産屋さんが見えてきた頃には、すでに十二時半になっていた。炎天下、三〇分以上歩き続けたことになる。これからが丘の道を登る本番なのだが、私はすでにへとへとになってしまっていた。

そこに追い打ちをかけるかのように、ようやく丘の入り口に立つと、今度は驚くべき光景が目の前に広がった。衝撃で足が止まった。

聖母マリアが待つ丘といえば、のどかで美しい風景が目に浮かぶ。緑の木々がそよ風に揺れ、草花が咲くなだらかな道をゆっくりと祈りながら登っていく。そんな穏やかで安らかなイメージだ。しかし、どうにか丘のふもとの出発点に立ってこれから登っていく先を見上げると、そこにあるのは、ゴツゴツとした茶色い岩だらけの急斜面だった。のどかさのかけらもない。アウトドア派でない自分にとっては初めて見るような、けわしい上り坂がずっと続いている。丘の道は、私の想像とはまったく違っていたのだ。

なんとまぁ、ひどい悪路。なんだか、来る者にわざと試練を与えているかのような。これを登っていくのか……。

圧倒される光景に私はひるみ、上方に続いている茶色のゴツゴツ岩の数々をしばし無言で見つめてため息をついた。せっかくたどり着いたというのに、大きな情緒的ギャップに、弾んでいた気持ちが萎えて、落胆すら覚えた。

だが、いつまでもここで立ったまま、ため息をついて見上げてばかりいても仕方がない。私はこの丘の上に待っているはずの聖母マリアに会いに、ここまでやってきたのではないか？　自分の気持ちを奮い立たせるようにして、意を決して登り始めた。

丘の坂は閑散としていて、一、三〇メートル先に、一人の女性の

丘のふもとから見上げる岩の斜面

後ろ姿が小さく見えるだけだ。

さぁ、一歩ずつ、一歩ずつ。

私は自分に言い聞かせながら適当な岩を探して足をかけ、身体のバランスをとって登っていった。岩はこの丘を登る何百万、何千万人の巡礼者たちの足で踏まれて丸みを帯びてもよさそうなものだが、そんな様相を呈していない。大小の鋭角の岩々が連なっていて非常に危険だし、ともかく足場が悪い。一歩踏むごとにバランスを保たなければならないから、強い日差しが照りつけていたが、日傘などさしている場合ではなかった。

それにしても、こんなにも鋭くとがった岩の上で転んでしまったら大変だ。実際に転んでケガをする人が出てもおかしくないが、巡礼の人たちは、皆、大丈夫なのだろうか。自分も転んでケガをすることのないように、じゅうぶんに気をつけて登っていかなければならない。

これ、本当に、聖母マリアの丘？　マリア様は限りなく優しい我らの母なのではなかったか？　ちょっと話が違うのでは？　あぁ、きつい。大変だぁ……。

一足ごとに、「ヨイショ」の掛け声で自分を元気づける。それでもどこか心細い気持ちにもなってきて、私は身も心も揺れながら、つらい丘を登っていった。

息を切らしながらしばらく辛抱して登っていくと、岩の斜面のはしっこに、黒くて四角い大きなレリーフがあった。大天使ガブリエルとマリアの姿が彫られている。マリアが神から選ばれて、イエスを身ごもることを告げられる「受胎告知」のシーンだ。その大きな石版の前で、一人の女性がロザリオの祈りを黙想していた。

ロザリオとは聖母マリアのバラの冠を象徴した数珠のような祈りの聖具で、ロザリオの祈りはカトリックの教会で古くから唱えられてきた。ロザリオを手に、「アヴェ・マリアの祈り（天使祝詞）」や「主の祈り」などを唱えながら、福音書の中に描かれているキリストの生涯における喜び、光、苦しみ、栄光の神秘を、聖母マリアとともに黙想する。それがロザリオの祈り方だ。受胎告知はロザリオの祈りのうち、喜びの神秘の最初に黙想される。

丘の斜面のところどころにこうしたロザリオの神秘のレリーフが建っていて、一つ一つのレリーフの前でロザリオの祈りをささげることができるようになっている。そうやってロザリオの

坂の途中、ロザリオの祈りのレリーフ

祈りを唱えながら丘を登っていく。それが巡礼者の正しい丘の登り方なのだろう。立ち止まって祈ることで、小休憩にもなる。

しかし、私は黙想よりもなによりも、ともかく丘の頂上に到着したいという気持ちが強かった。祈りをはしょっていく心苦しさを感じつつも、私は最初のレリーフの前でちょっと足を止めて息を整えただけで、そのまま先を急いだ。静かに祈ることのできない自分が哀れな限りに思えたが、どうにも気持ちばかりはやって余裕が持てない。

ロザリオの祈りを唱えながらゆっくりと、心を落ち着かせて登るのは、また次の機会にしよう。

すると間もなく、今度は右前方に木製の大きな十字架が目に入ってきた。脇には石碑があって、「一九八一年六月二六日」とある。この日は最初の出現から三日目、「見た者」グループのうちの一人マリヤに、聖母マリアがこの場所で、「平和」を繰り返して呼びかけられたという。その際、マリヤは聖母の背後に十字架を見たのだそうだ。石碑に刻まれているのはその時の聖母のメッセージ。

「平和、平和、平和、平和のみ！
平和が人と神の間を支配しなければなりません。そして人々の間を！」

世界各地で出現されている聖母だが、不思議にも、そのつど、聖母は出現された土地の言葉で語られた、と伝えられている。ここ、メジュゴリエはクロアチア系住民の村なので、聖母はクロアチア語で話されたそうだ。このメッセージが聖母マリアから送られたとされる一〇年後の六月二五日、クロアチアはユーゴスラヴィアからの独立を宣言し、ユーゴスラヴィア連邦崩壊につながる激しい紛争が始まった。聖母マリアはこの戦いを予言されたかのように、一〇年前、クロアチアの独立と一日違いで、クロアチアにほど近いこの地で平和を繰り返し求められたということになる。

ロザリオのレリーフの前には足を休めるスペースが作られているわけではないのだが、この大きな十字架のある場所には、そこで立ち止まって祈ることができるように、石をならして平らにしたスペースが特別に作られていた。それで私は日差しを避けるようにその奥の木陰に隠れ、しばらく十字架や石碑をながめようとしたが、ここではさきほどとは別の理由から、心を落ち着けて黙想する余裕がなかった。なんということはない。荒い岩の坂との格闘で息が切れていて、今は呼吸を整えることで精いっぱいなのだ。すでに体力を使い切ってしまうほど長く登ったように感じるが、そこから見下ろせるメジュゴリエの村の景色は近くて低い。まだ、ほんの少ししか登れていないということだ。

そして再び、登っていく先を見上げれば、依然としてゴツゴツの斜面がひたすら続いている。いつになったら聖母マリアの待つ最終地点にたどりつけるのか。いつというより、自分にはそこまでたどり着く体力が残っているのだろうか。にわかに心もとない気分になった。

日頃の運動不足がたたっていることはわかりきっている。それでも、途中でやめるというのは自分にはあり得ない選択肢だった。メジュゴリエへ来る巡礼者たちにとっては、聖母マリアが出現されたとされる丘の、その場所で祈ることが、最大の目的なのだ。私は巡礼しているという気持ちはそれほど強くなかったが、それでも、ご出現の丘を登りきれずに帰ってきました、というようなことになってはあまりに情けない。丘を登りきれなかったとしても、それは体力や体調の問題で、信仰の強さとは関係ないと冷静になって考えればわかるはずだが、その時は、途中でやめてしまえば自分の弱さが証明されてしまうかのようで、そうした挫折感を味わうことをとても恐れていたようだ。

それで私は弱気になった自分を心の中で叱咤激励し、途中からは本当によろよろしてきて足元がおぼつかなくなってきたが、ついに丘の上にたどり着いた。時計を見ると、始めの一歩をゴツゴツの岩にかけてから、一時間ほどがたっていた。

丘の上の聖母マリア

出現の丘の最終地点では斜面が消え、平らな地が広がっていた。とはいっても、足元には相変わらずゴツゴツとした大小の岩々が連なっている。

天からの光の中、白い聖母マリア像が建っていた。その前では、長いヴェールをかぶった修道服姿のシスターがひざまずき、静かに祈りをささげている。ほかにも数人の人たちがいたので、私はそれらの人たちの邪魔をしないように、ひとまず、少し離れた場所に適当な岩を見つけて腰を掛けた。

やっとのことでたどり着いたからこそ、聖母マリアとのご対面は、ゆっくりと、大切に行いたい。そんな気持ちもあって、私はしばらく呼吸を整えながら、遠目に祈りの空間を観察し、マリア像の周りから人がいなくなるまで根気よく待った。そして、タイミングを見計らって腰を上げた。

聖母マリア像のもと、祈りをささげる

さぁ、いよいよだ。私は岩から転げないように細心の注意を払ってマリア像に近づき、その正面に向かい合うようにして足を止めた。白い土台の上に立たれる聖母マリアはすっと細身で、等身大というか、自然な大きさの石像だった。左手は子どもたちを招くような仕草、右手は自分がだれなのかを示すように胸にあてられている。出現された聖母の様子が、「見た者」たちの描写をもとに再現されているのだ。マリア像は低い柵に囲まれ、柵内には熱心なマリアの崇敬者たちがわざわざここまで持ってきたと思われる、色とりどりの花々が置かれていた。土台部分の正面にくすんだ金色のプレートがはめ込まれ、現地語の文言と日付が刻まれている。

「私は平和の女王　一九八一年六月二五日」

あとから調べて日本語にしてみると、こう書かれているらしい。日付は出現二日目のもので、その日、丘に駆け登って近づいてきた若者たちに聖母はこのように言葉をかけられたという。

私は、うつむき加減の聖母の安らかなお顔をちょっと拝顔し、ひざまずいた。そして、聖母を見上げて手を合わせ、心に何か浮かんでくるのを待った。

ところが、どうしたというのだろうか。心はなぜか淡々としたままだ。感極まって涙がこみ上げてくることもなければ、そのほかの形のいかなる感情の高まりも生まれてこない。

私には、どうにも心の準備が足りなかったのだ。なにしろ、こんな特別な場所にせっかく来たというのに、何を祈るのか、何を願うのか、私はまったく決めてこなかった。肝心なことを何も考えずに、ただただ、この聖母マリアのもとに来ることだけを目的として来てしまったのだ。なんとも迂闊《うかつ》な話だ。

それに、メジュゴリエに出現された聖母マリアに特定して祈りをささげることは、ヴァティカンが禁止している。ここに聖母が姿を現されたことは公認されていないのだ。だから、ヴァティカンに背きたくなければ、というより、ヴァティカンに背いたのではという負い目でびくびくしたくなければ、この白いマリア像の足許で、なにか特別なことを祈ろうとしないほうがよいのかもしれない。ひざまずいた

出現の丘の聖母マリア像

まま、心があたふたした。結局、私は頭に浮かんでくるままに、ごく普通に定型文のようなアヴェ・マリアの祈りを数回唱えた。

ただ、今、自分がここにいることが、実に不思議に思えた。たとえば半年前の私には、メジュゴリエの明るい空の下、この丘の聖母マリアの前で自分が祈りをささげることなど、これっぽっちも想像しなかったのだから。それが今、私は久しく思い出しもしなかったボスニア・ヘルツェゴヴィナにやってきて、半年前にはよく知りもしなかった聖母マリアの丘を登り、こうして祈っている。

本当に不思議。人生は不思議なものだ。

聖母マリアの御許《みもと》で手を合わせながら、私はその不思議さをかみしめていた。その不思議さをもう少しかみ砕けば、人生は自分の考えや計画などでは及ばないもっともっと大きなものによって動かされていて、自分はその中で生きている……。

うまく言えないが、そんな感覚があった。

人知を超える神の計画。クリスチャン的にはそんな表現がよくされる。迷える小羊が導かれるとも。つまり、神の計画によってここまで導かれてきた一匹の小羊というのがこの私、ということか。人生の不思議さは、信じる者にとっては信仰の不思議さとなるのだろう。そうした感無量の境地となった。メジュゴリエは、ある意味、迷える者の霊的な体験学習の場なのかもしれない。

聖母マリアへの個人的な祈りが浮かんでこなかったという欠如感はあったものの、それでも、苦行のあとの安らぐ満足感のようなものに包まれて、私は硬い地面から両膝を離して立ち上がった。

それから、せっかくだから、聖母マリアのたたずまいを全体的に見つめよう。そう思って、柵で囲まれた白い像の周りを静かに歩き出した。と、その時、マリア像の土台部分の側面に貼り付けられている、ダークブルーのプレートに気づいた。

あれ？　驚きで目が留まった。そのプレートに、なにやらハングルの文字が見てとれたのだ。

いったい、これはなんだろう。

思いがけない発見に戸惑いを感じた。私は韓国語の素養がないのでなんと書かれているのかすぐにはわからなかったが、ここはメジュゴリエでもっとも聖なる場所。そしてこのマリア像は、聖母出現の地のシンボル的存在として、メジュゴリエで、巡礼路でもっとも大切にされているものだ。世界中からメジュゴリエへやってくる巡礼者が、この聖母マリアと対面するために厳しい岩の坂をひたすら登り、丘の上のマリア像の前でひざまずき、祈りをささげる。その崇高な聖像に、なんでまたハングルが刻まれているのだろうか。

目にしたものはあまりにも唐突というか、思いもよらないことだったので、私にはどう理解したらいいのかわからなかった。ただ、祈りの中に、突然、異質なものが闖入《ちんにゅう》してきたような妙な気分に陥って、その場に立ったまま困惑した。

ほかの巡礼の人たちはどんなふうに思っているのだろうか。私と同じような戸惑いを覚えないだろうか？

ハングルだからというわけではない。どんな外国語であっても同じだ。メジュゴリエの巡礼者に敬愛されているこの聖なるマリア像に、どこかの外国言語の文字で書かれた意味不明な標識か表札のような大きいプレートが貼り付けられていたら、メジュゴリエ巡礼者みんなで分かち合うマリア像ではなく、どこかのだれかの所有物？　そんな位置づけになってしまいそうだ。

旅立つ前の限られた情報収集中、丘の上のこの白いマリア像の画像はインターネットで見ていたが、こんなプレートは付いていなかったように記憶している。

韓国人カトリック信者の団体が、最近、多額の寄付をして、記念プレートを付けてもらったのかもしれない。紺色のプレートをながめながら、ほかに思いつけることはなかったので、私はそんなふうに想像した。

ただ、その後、少しわかったことがあった。

その時は、聖母マリア像を見つめて祈るほかの人たちの視界をブロックしないようにと、そこに居座ってプレートをじろじろながめることはせず、写真だけさっと撮っておいた。だからその場では気づかなかったのだが、その写真をあとでズームして見てみると、ハングル表記の下には小さくクロアチア語らしきものと英語でも表記があった。

Peace for the Korean peninsula!

英語ではこう書かれている。

ピース フォー コリアン ペニンシュラ！

「朝鮮半島に平和を！」

という意味だ。

さらに翻訳アプリを使って写真のハングルを読み取ってみた。すると、

「朝鮮半島の平和のために！」

という、英語とほぼ同様の内容が表示された。クロアチア語も読み取ると、やはり同様の意味に訳された。

プレートの最下部にはさらに小さな英文字で、Republic of Korea とあり、翻訳アプリが「大韓民国」と訳した。

なるほど……。つまり、これは大韓民国の人、あるいは大韓民国の人たちから発せられたスローガンなのだ。プレートの内容について意味は理解できたが、それにしても、こうした政治的なスローガンが、なぜ、メジュゴリエの聖母マリア像に刻まれているのだろう？「大韓民国」とあるが、私が想像したように韓国人カトリック信者の団体がこのプレートの作成者なのか？　まさか、韓国政府が仕掛け人というわけではないだろうけれど……。

実に不可解だ。

さらにもう一つ、私を困惑させたのが、この出現の丘の聖母マリア像が朝鮮半島の平和のために利用されているという事実だ。

ボスニア・ヘルツェゴヴィナに姿を現した聖母マリアは、「私は平和の女王」と名乗り、それ以降、この国の平和を求めるメッセージを送り続けていると伝えられている。これは、聖母マリアから人々に送られる平和の呼びかけだが、朝鮮半島の平和を求めるプレートの文言は、聖母マリア自身のメッセージではないのだ。要するに、メジュゴリエの「平和の女王」聖母マリアを利用して、「大韓民国」からの独自の祈願が発信されているということになる。

メジュゴリエの聖母マリアの政治利用。これはまさしく、聖母出現騒動が起こった当初、旧ユーゴスラヴィア政府が関係者を投獄までして大変警戒したことだ。それが今、地縁もないような遠い異国の文字によって公然と行われている。歴史を知る人ならば、この現実を目の当たりにして少なからずとも違和感を覚えるのではないだろうか。聖母マリア像に付けられたこのハングルのプレートは、聖母マリアの政治利用というより、純粋に朝鮮半島の平和を願ってのことなのだろうとは思う。しかし、メジュゴリエの聖母をこのように使うのはどうなのだろうか、という釈然としない感じがあるのを否めない。

そもそも、そのプレートのハングルの発信がだれからだれに向けてされているのかも不明なので、プレートの意義も発信内容も、目にした人の解釈次第。あいまいにゆだねられているので評価のしようもないのだが。

ハングルのプレート

聖母マリアにしてみれば、ご自分の発信ではないので、そのメッセージに責任は持てないし、かかわりもない。困惑されているかもしれないが、無限の愛の持ち主でいらっしゃる我らの母は、そんなことは気にも留めず、足元に貼り付けられた俗界の発信を超然と応援されているかもしれない。

それに、考えてみればこれはただの石像。白いマリア像に聖母マリアの面影を見るのはよいが、その像にあまりに執着しては偶像崇拝に陥ってしまう。目で見るより、心で見ること、感じることが大切だ。復活したイエスも、疑うトマスに向けてそんなふうに説かれたではないか。

私は後ずさりするようにマリア像から離れていき、そのプレートが視界に入らない方向にある岩に軽く腰掛けた。そして、頭を切り替えるために、視界を広げて丘の上の風景を全体的にとらえて想いを巡らそうとした。

すると、座っているところから少し離れた後方に、十字架上のイエス像が建っていた。木造りで大きいが、奥まってひっそりと建てられていることに、この丘の主役、聖母マリアへの配慮が感じられる。それでも、丘の上の一帯は見晴らしが良いので、あたりを見渡せばイエスの木像は自然と目に留まる。

聖母マリアに祈りをささげた人たちの姿を目で追っていると、皆、丘から下りていく前に、そのイエス像の前にも立ち寄って、イエスの御足《みあし》に手をかけて祈り、十字を切っていく。それはキリスト教を信じる者の行為としては当たり前といえば当たり前なのだけれど、それでも、さすがなことだと感心しつつ、私はその人たちを見ていた。キリスト教信者なら、そこがマリアの丘であってもイエスの前を素通りしたりしない、というより、できない。そんなことは罰当たりというか、あまりにも恐れ多い。しかし、キリスト教信者ではなく、聖母マリア出現という一大ミステリーに興味を持ってやってきた単に好奇心の強い旅行者であったなら、聖母マリア像だけがお目当てで、イエスのことなど気にも留めずに見落とすか、無視して行ってしまうかもしれない。

そんなことも思いつつ、私はその特別な丘のすべてを慈しんで時を過ごした。抜けるような青い空に浮かんだり消えたりする白い雲はお飾り程度で、直射日光が照りつけている。ひたすら暑いままなのだが、体の消耗の感覚はしだいになくなっていった。マリア像から一〇メートルくらい後ろの少し高い岩に腰掛けているので、マリア像越しに一望できるメジュゴリエの村の風景や周囲の山々が、目に美しく映る。平和の女王の名にふさわしく、マリアの丘は平穏な雰囲気に満ちていた。

聖母マリアの後ろ姿を見つめながら、同時に横の方からはイエスの気配をも感じつつ、黙想し、小一時間を過ごした。

風はなく、細い木々はざわめくことがない。丘の上で耳にしたのは、近くに遠くに鳴く聞き慣れない虫の音だけ。あの映画に出てきた証言者たちの体験のように、聖母マリアのメッセージが耳元でささやかれるということは、残念ながら自分の身には起こらなかった。同様に残念なことに、その御姿を見ることもなかった。

何十年にもわたって与えられているという聖母マリアのメッセージ。その変わらぬ中心テーマは平和の希求であり、そのために祈り、罪を悔い改め、断食することを、聖母は人々に対して繰り返し求められてきたという。そうならば、聖母の姿を見たり、声を聞いたりするには、祈りも悔恨も断食も、私には足りないのだろう。仏教から言葉を拝借すれば、修行がまったく足りないということだ。

丘の上でゆっくり過ごす時間はまだたっぷりあるように思ったが、これからまた、試練が待っていた。丘は登ったら、下りなければならない。あのとがった岩だらけの斜面が再び待ち受けているのだ。容赦ないゴツゴツ岩の坂道は、下りだから楽だとは決していえないし、むしろ危ないかもしれない。丘のふもとから宿へ戻る道のりも長い。それで、名残惜しいが、丘を下りることにした。

それに、私はこの丘にいつかきっと戻ってくるだろう。これが最後になるとは思わなかった。

そんな予感を胸に秘めて立ち上がった。

丘をあとにする際には、先に立ち去っていった人たちと同じように、私もイエスのもとへおもむいた。穏やかな表情をたたえた聖母像とは対象的に、大きな十字架にかけられたイエスの顔は嘆きの表情を浮かべていた。イエスの臨終を近くで見守ったはずの聖母マリアが、ここではだいぶ離れたところでイエスに背中を向けているからか、イエスはよけい悲しそうだ。人々がそこに触れて祈るから、釘《くぎ》が刺さり、デフォルメされたイエスの足だけ、ニスがはがれてつるんと木地色に変わっていた。

さて、思ったとおり、丘の下りは下りなりに大変だった。今度は斜面を転げ落ちたりしないように、一歩一歩に登りとは違った緊張が強いられた。それでも悪戦苦闘した行きの時と比べれば慣れたのだろう。途中、茶色の岩の間から顔を出している緑のクローヴァーに気づいて足を止め、四つ葉を見つけようとしてみる余裕もあった。あせらず、慎重に下りていき、登りよりは若干短い時間で、なんとか何事もなく丘のふもとに戻ってきた。

丘のイエスの十字架

しかし、いったい何が起こったのだろう。ふもとに着いたと思ったら、出発点とは違う場所に出た。そこには青い大きな十字架があり、十字架の前には小さなマリア像があった。近くには石の上に厚い木の板が乗せられたベンチが何台か置かれ、お年を召した白人の男女が数人、腰掛けて静かに過ごしていた。

これは初めて見る景色だ。同じ道を戻ってきたと思ったのに、どこかから、知らぬ間に違う道を来てしまったようだ。私は明らかに別の場所に下り立ってしまったのだが、ここは「ブルークロス」と呼ばれていて、聖母出現の丘にまつわる大切な地点の一つだった。

当時、メジュゴリエの聖母マリア出現の話は瞬く間に広まって、ユーゴスラヴィア政府の権力は、これをカトリック教徒による策略と疑い、警戒した。そのため、証言者の若者たちを取り調べようとユーゴスラヴィア警察が丘の上で待ち構えるようになったのだ。すると、そんな威嚇者から若者たちを守るために、聖母マリアは丘の上ではなく、ふもとのこの場所に姿を現されるようになった――というのが、信じられているところである。そして、ユーゴスラヴィア警察の目を避けながら、目印のために十字架が建てられて、信じる者たちが集まる場となったそうだ。

さらに、信じる者たちによれば、聖母マリアは今でもここに出現されるという。毎月、「見た者」の一人が、聖母マリアから送られてくるメッセージをこのブルークロスのところで受け取るのだそうだ。

そうしたことから、ここもまた、聖母マリア出現の聖なるスポットとなっていて、なんらかの理由で丘の上まで登らない巡礼者がここに来て祈りをささげることもあるようだ。私は薄っぺらな予備知識でブルーの十字架が丘周辺のどこかにあることは知っていたが、実際にそれがどこにあるのかはまったくわかっていなかった。だから、予期しない形でこのブルークロスに遭遇することができたのは、結果的にとてもラッキーだった。

いや、ラッキーだったのではない。それは用意された恵みだった。そう思うのがキリスト教信者としては正しいのかもしれない。求める者には知らないうちに導きがあり、思いがけない恵みが与えられることがある、という。そうした教えに近い経験が、ほんのたまにのことだけれど、私にもあることはあった。これが聖母マリアの導きなら、導きによる恵みだと信じるなら、私はきっととても幸せな者となるのだろう。

祈りの場、ブルークロス

それにしても、丘の上の聖母マリア像に韓国発のハングルの文言が刻まれていたことには驚いたが、韓国の存在感の大きさはこれ以外にもあった。

聖ヤコブ教会の裏手には大きな野外礼拝場がある。そこにかかっている横断幕にはクロアチア語、英語、フランス語、イタリア語という西洋言語に混ざって、韓国語の表示があった。そして、教会からは遠いが、ハングル表記の看板を出しているペンションもあった。丘の上のマリア像にあったハングルのプレートに加えてこれだけあちこちに韓国を示すものを見かけるのはちょっとした謎だった。韓国では日本よりキリスト教徒は多いが、プロテスタントが主流で、カトリック信者はそれほど多いわけではないはずだからだ。

しかし、その謎はやがて解けた。

インターネット上の情報をあたってみると、メジュゴリエから大きな恵みを受けた韓国人がいるというエピソードが見つかった。聴覚に障がいのある息子を持つ韓国人夫婦が、ある時、メジュゴリエに巡礼をした。父親が帰ってしまったあとも母親はメジュゴリエにとどまり、連日、出現の丘に登っては息子のために聖母マリアに熱心に祈りをささげていたところ、息子の病気が治癒したのだという。この「奇跡」の話が韓国のカトリック信者の間で広まって、以来、多くの韓国人信者がメジュゴリエを訪れるようになったそうだ。これが、メジュゴリエで韓国の存在感が大きくなった主な理由だと思われる。

丘の上のマリア像は、その夫婦が感謝の意を込めて二〇〇一年に寄贈したものということだ。当初はハングルのプレートはなかったが、その後に取り付けられた経緯はよくわからない。古い巡礼宿のオーナーに聞いてみたりもしたのだが、オーナーの中年男性は、「へぇ、丘のご像にそんなプレートが付いているのかい？　知らないなぁ、いつから？」と逆に私にたずねてきた。現地の人はおおらかなのか、細かいことはあまり気にしていないようだ。

ともかく、このエピソードから、モスタルでも不思議に思っていた韓国人観光客の存在感についての謎も、連鎖的に解けた。その人たちはたぶん、メジュゴリエから流れてきた巡礼者なのだろう。メジュゴリエからモスタルに足を伸ばすのはポピュラーな観光となっていて、私の宿泊するアイリッシュハウスにも一日観光ツアーの張り紙があった。メジュゴリエでは、モスタルで出会ったほどの韓国人の団体とは遭遇していなかったが、マリアの丘の途中で、そういえば東洋人でそれらしい人とすれ違ったり、教会敷地内の散策路で、数人のグループを見かけたりしていた。

ついでに言えば、ヨーロッパ旅行好きな日本の人は多いが、ここでは一人の日本人にも出会っていなかった。滞在中、アジア最大のカトリック人口を持つフィリピンの人を見かけることもなかった。そうはいっても、聖母出現の記念日や、ユースフェスティヴァルと呼ばれている夏の一大イヴェントには、アジアを含む世界中から巡礼者が集まってくるので、韓国人はともかくとして、アジア人の姿をほとんど見かけなかったのは、たまたまなのか、もしくは時期的なことだったのかもしれない。

イエスの十字架山を登る

翌日も朝から青空が広がっていた。この旅に出てからずっと好天に恵まれている。

聖母マリア出現の丘を登るという一つの目的を達成した高揚感に身をまかせて、この日、私は酷暑の中を再び、今度は「十字架の山」に向かった。山は現地語でKriževac（クリジェヴァツ）、英語ではCross Mountain（クロスマウンテン）と呼ばれている。その英語名は私にモスタルの十字架山を思い出させたが、山のてっぺんにそびえる十字架が街から見えるモスタルのそれとは違い、こちらは標高約五二〇メートルという山なので、ふもとから十字架をはっきり見ることはできない。歴史もまた違う。メジュゴリエの山の十字架はボスニア・ヘルツェゴヴィナの民族紛争とは無関係に、聖母マリア出現騒動が起こるもっと以前、一九三四年に建てられたものだ。

メジュゴリエは聖母マリア出現の報告で有名になった土地だから、どうしても、イエスよりマリアのほうが注目を集めてしまう。でもそれは、マリアを崇敬するカトリックの教義においてでも正しいことではない。マリアの丘の上にもイエス像があったように、キリスト教徒としては救い主イエス・キリストをないがしろにすることなどできない。というわけで、ここを訪れる人々は、マリアの丘だけでなく、イエスの背負われた十字架を黙想しながらこの山も登ることになる。

私は、前日、お昼の時間帯に丘に登って暑さが厳しすぎたことから、時間を遅らせて午後三時過ぎから山に向かったのだが、そのせいだろうか。夏のハイシーズンには人々が長い行列をなして登る山なのに、この時は、山すその入口には私以外、人の姿はない。

それにしても、この山の道はなんなのだろう。山道というより鋭くとがった岩だらけの坂道だという形容が当てはまるのは出現の丘と同じなのだが、その悪路の状態は出現の丘とは比べものにならない。さらにけわしく、さらに長く続く苦行が待ちかまえているのが容易に想像できた。

そういうことか。マリアの丘をどうにか登り終えて、試練を乗り越えたなどと思っていた自分が甘かった。こんな恐ろしいほどシャープな岩の連続斜面を登っていくには、見つからない足場をなんとか見つけながら、一足ずつ、岩をしっかり踏むようにして進むしかない。マリアの丘で岩登りには少し慣れたというものの、ここでは昨日以上の覚悟が必要だった。

マリア様は優しい、イエスは厳しい……。私はそんなことをぶつぶつと心の中でつぶやきながら前方を見上げ、心を決めて、再び、一人、悪路との格闘を開始した。

少し登っていくと、前方にリュックを背負った男性の姿が見えたが、その人の動きがどうも遅い。のろのろとした私の歩みよりもさらに遅いので、しばらくすると追いついてしまい、男性の足元が視界に入った。男性は裸足《はだし》だった。

そうか、それで動きが遅かったのだ。慎重に足を下ろさないと、鋭角な岩の先が食い込んで足の裏を痛めてしまう。ハイキングシューズを履いていても靴の底から刺さってしまいそうな感覚があるから、裸足ではなおさらだ。

三〇代くらいだろうか。ひょろりとしたその男性は、苦行にさらなる苦行を重ねて自らに課し、注意深く、ていねいに登っていく。そんな巡礼者を追い抜いていくのは失礼なようにも感じたが、かといって、信仰も足の裏も薄い私がその人にならって裸足で登るなんて、とても無理。と、私は即座に自分の限界を認めることにした。

気をつけて！　お先に失礼しますね。

お互い無言の行なので、心の中でエールを送りながらその人の横を遠慮がちに通り過ぎると、私は靴を履いたままで歩みを進めた。

聖母マリア出現の丘の道ではロザリオの祈りが唱えられるようになっていたが、こちらでは十字架の道行《みちゆき》が行えるようになっていた。十字架の道行とは、イエスが死刑宣告を受け、十字架を担ってカルワリオ（ゴルゴタ）の丘まで歩んだ受難の道のりに思いをはせて黙想する祈りの業をいう。カトリック教会の聖堂内にはイエスが墓に葬られるまでの十四の苦難の場面を描いたレリーフが壁に掲げられていて、それらは「留《りゅう》」と呼ばれるが、第一留から順番に第十四留まで祈りながら回る。

このクロスマウンテンの道では一つ一つの留のレリーフが斜面の途中、ところどころに建てられていて、頂上までの道のりで十字架の道行を野外体験することができる。丘のレリーフもこちらのものも、どちらもブロンズ製だというが、丘のものは黒っぽく見えることが多かったのに対して、こちらのほうは光の加減のせいだろうか、より黄金色に見える。そうはいっても、この日も私は岩だらけの急斜面とひたすら戦っていて、レリーフをたどりながら黙想する余裕を持てなかったのは、前日と同様だった。

クロスマウンテン、けわしい山路

その一方、混雑とは無縁の恵ま

れた状況だったので、私は人がいないのをよいことに、息を切らしながらも調子に乗ってペースを早め、乱暴にぐんぐんと登っていった。最終地点まであとどれくらいあるのか皆目見当がつかないので、無計画にあせる気持ちもあった。だが、それがよくなかったのだろう。そのうち、頭はクラクラし、目の前は青くチラチラし始めた。熱中症寸前の状態なのだろうか。私は登るのをやめ、まだまだ続く試練の岩の先を見上げて思った。

あぁ、もう、ダメだ……、ここでリタイアしよう。ここで行き倒れてもだれも助けてくれない……。さっき追い抜いた人がいつになったらここまでたどり着くかもわからないし、その人が来たとしても、私が倒れていたら迷惑をかけることになってしまうかもしれない。

聖母マリアの丘の道の途中でも弱気に襲われたが、ここは丘の道よりも道幅が狭く、両側は木々に覆われているからか、圧迫感が強く迫ってくる。

ギヴアップはしたくない。でも、もう体が動かない……。

どうしようかと立ち尽くしていると、突然、孤独感が漂ってきた。そしてなぜか、イエスのよろける姿が浮かんできた。とはいっても、イエスが目の前に現れたわけではない。いばらの冠を頭に、重い十字架を背負わされて、磔《はりつけ》が待つ処刑場に向かうイエス。ふらつき、よろけ、倒れるイエス。そんなイエスの幻想が頭の中に浮かんできて、この苦しい山道の途中、暑さで倒れんばかり、独りぼっちの自分と重なったのだ。

イエスもこんなふうに孤独だったのだろうか。ひっそりと忍び寄ってくる孤独感に包まれて、私はたたずんだ。

この道のきつさには、やはり、意味がある……。

そんな悟りで覚醒したのか、幻のイエスに励まされたのか。私はなぜか、急によみがえった。もうダメだというあきらめの弱気は一転し、いや、ここでやめてはいけない。絶対に頂上にたどり着かなければ……と、のぼせる頭で思ってしまい、再び、上を向き、岩の道を登り出した。大げさかもしれないが、自分としては本当に必死。そして最後は文字どおり息も絶え絶えになりながら、どうにかこうにか、白い大きな十字架がそびえ建つ頂上にたどり着いた。時計を見ると、山の入り口から到着まで、一時間半ほどかかっていた。

頂上では、先客が三人ほど、各々《おのおの》静かに座って思い思いの時間を過ごしていた。直射日光をさえぎるものが何もなかった聖母マリアの丘の上とは違い、ここには木々がぽつんぽつんとあって、小さな影を作っている。先客はそうした木の下を選んで座っていたので、私もまねして木陰を見つけ、岩に腰掛けた。そして乱れた息を整えながら、がっしりとした白い十字架をボーッと見つめてしばらく時を過ごした。

コンクリート造りなのだろうか。あんなに大きく厚い十字架をここに建てるには、いったいどのようにしたのだろう。なにしろあの山道なのだ。ヘリコプターで空から運んだのではない限り、相当の労苦があっただろうなぁ、すごいものだなぁ。と、当時の人たちの信仰のなせる業に想いをはせたりもした。

そうしているうちに、あら、なんということ。途中で私が追い抜いた、あの裸足の男性が頂上に姿を現したではないか。

すごい！　おめでとう！

私は驚きと感激で、心の中で拍手を送った。裸足なのになんという速さ。足は傷まなかったのかしら。これもまた、強い信仰のなせる業なのだろうなぁ、と、私はすっかり感心してしまった。

ところが、当の本人はクールな態度で、なんということはないというふうに十字架の土台に腰掛けると、手で両足の裏を払った。そしてリュックの中から靴を取り出して履くと、たいして休息も取らずに、今度は別の方向から山を下り始め、あっという間に姿を消してしまった。その素早さにあっけに取られてしまったが、男性はなんの迷いもなく下りの道を見つけていったので、もしかしたら、あのようにして何度もこの山を巡礼しているのかもしれない。

私は、神秘的な雲が浮かぶ空の下、前日と同じように黙想の時間を過ごした。そうしていると、この日はサワサワと木の葉を鳴らす風の音を聞いたが、ここでも、聖母マリアの声もイエスの声も、私には聞こえてこなかった。それから、十字架とは反対側の人のいないところまで歩いていって、下界を見下ろし、そしてなぜか、だれにも聞こえないように小さい声で万歳三唱をしてから、下山の途についた。なぜ、「バンザイ！」だったのか、自分でもよくわからない。山を登りきったという一種の達成感がそうさせたのかもしれない。アレルヤ！とか、神に感謝！とか、それらしい言葉がなぜ出なかったのかと、あとから少し、反省した。

帰り道、頂上の十字架から続く階段を下りてすぐ、十字架の道行の第十五留「イエス・キリストの復活」のレリーフが建っていることに気づいた。行きはともかく苦しくて見落としたようだ。伝統的に十四留までだった道行に、聖地ルルドで初めてイエスの復活の栄光をたたえる十五留が加えられて以降、十五留までの道行も行われるようになったということだが、このメジュゴリエでもルルドにならってイエスの復活が黙想されている。

山の頂にそびえる白い十字架

こうして私は聖母マリアの丘に登り、イエスの十字架の山に登った。そのほかにも、メジュゴリエに滞在中、教会の敷地内をくまなく散策し、汗が流れるという不思議な現象を起こすとされる大きなイエス像の下で祈ったり、野外の広場のベンチでロザリオの祈りを唱えたりした。さらには村をあちこち歩き回り、アルコール中毒や麻薬中毒といった問題を持つ若者たちの更生施設や、恵まれない環境で育つ子どもたちのためのコミュニティを訪れて話を聞いたりもした。しかし、そうしているうちに、メジュゴリエのどこかで聖母マリアのメッセージを受け取ることも、スーパーナチュラルな体験をすることも、私にはまったくなかったのである。

もう一つ、メジュゴリエに来た熱心な巡礼者を魅了することに、聖母マリアの出現を受けたという元少年少女たちのうち、メジュゴリエに今も在住している者たちの話を聞くことができる。聖母マリアのメッセージを聞きたいと、「見た者」たちのもとに多くの人々が集まるというのだが、私はこの滞在以前も滞在中も、そういうことにはそれほど強い関心が生まれなかったので、話を聞きに出かけることはなかった。

一〇代の若者だった六人は、その後、どうなったのだろうか。最初の「見た者」となったイヴァンカは、一九八五年五月までの四年間、毎日、聖母マリアの出現を受け、一〇番目の秘密を伝えられた五月七日が最後となった。以後は年に一度、六月二五日に、生涯にわたって出現を受けることを聖母マリアから約束されたという。毎日の出現が終わった翌年に結婚。三児の母となり、今もメジュゴリエに住んでいる。聖母マリアの意向により、「家族」のために祈りをささげている。

ミリアナは最初の出現から翌年十二月二五日に一〇番目の秘密を伝えられるまで、毎日、聖母の出現を受けた。六人の中で一番先にすべての秘密を伝えられたことになる。以後は年に一度、三月十八日に、生涯にわたって出現を受けることを聖母マリアから約束された。六人の中で唯一、大学に進学し、サラエヴォ大学を卒業。一九八七年八月二日からは毎月二日にも聖母マリアからメッセージを受けるようになったといい、つめかける多くの巡礼者の前でその様子が公開されている。結婚し、二児の母。メジュゴリエ在住。聖母マリアの意向により、神の愛を知らない「信じない人々」のために祈りをささげている。

ヴィツカは現在まで毎日の出現を受けており、九つ目の秘密まで伝えられているという。出現の初期に、ヤコヴとともに聖母マリアから天国と地獄、煉獄を見せられたと証言している。六人の中で一番遅く結婚し、二児の母。メジュゴリエ近郊に住む。聖母マリアの意向により、「病者」のために祈りをささげている。

イヴァンもヴィツカと同じく現在まで毎日、出現を受けており、九つ目の秘密まで伝えられているという。メジュゴリエを通じて知り合った元ミス・マサチューセッツのアメリカ人女性と結婚し、四児の父。ボストンとメジュゴリエで二拠点生活を送っている。聖母から本を書くよう求められており、聖母が望むときになれば出版するという。聖母の意向により、「司祭と若者」のために祈りをささげる。

マリヤもヴィッカとイヴァン同様に、現在まで毎日の出現を受け、九つ目の秘密まで伝えられているという。一九八七年からは、聖母マリアから世界へのメッセージを毎月二五日に受け取るという特別な役目も与えられている。イタリア人と結婚してイタリアに住むが、頻繁にメジュゴリエに滞在。四児の母。聖母マリアの意向により、「煉獄にある罪人の魂」のために祈りをささげている。

六人の中で当時一〇歳と一番幼かったヤコヴは、一〇番目の秘密を伝えられた一九九八年九月十二日まで毎日の出現を受けた。以後は生涯にわたってクリスマスに出現を受けることを聖母マリアから約束された。イタリア人と結婚し、三人の子どもの父となった。今もメジュゴリエ在住。聖母マリアの意向により、「病者」のために祈りをささげている。

このように、六人全員が家庭を築き、子どもに恵まれた。そして、結婚によってアメリカやイタリアに居住することになった者がいるものの、皆がメジュゴリエとの絆を今も大切にしている。「見た者」の重圧に耐えかねて去ってゆく者は一人もいなかった。むしろ六人とも、メジュゴリエの聖母マリアのメッセンジャーとして、その教えを広めることに強い使命感を持っている。

聖母マリアから伝えられた秘密については、だれも内容を明らかにしていない。六人が秘密の内容を教え合うこともなく、皆が同じ秘密を伝えられているのか、当人同士も知らないという。そして、聖母マリアから現在に至るまで日々のメッセージを受けている三人も、一〇番目の秘密を知らされたときに毎日の出現が止まると考えられている。その後、秘密は聖母マリアが望んだとき、聖母マリアが望む形で世界に伝えられるだろうと、これら「見た者」たちは口をそろえる――（以上の状況は、執筆時点におけるもの）

ゆるしの秘跡

「罪の赦《ゆる》し」という概念は、クリスチャンでない人にはわかりにくいものかもしれない。その概念についての解説は神学の専門家におまかせするが、日常的に行われているカトリックの秘跡の一つに、罪に関係するものがある。

カトリックの秘跡についてはよく知らないという人でも、欧米の映画やテレビドラマの中で、教会の片隅に小間のような閉ざされたスペースがあり、一人分の暗い空間の中で信者がひざまずいて懺悔《ざんげ》するのを、しきりの小窓の向こうで司祭が座って聞いている、というシーンを見たことがあるかもしれない。

自分の罪を悔い、司祭に告白し、ゆるしを願う行為は、confession（コンフェッション）、日本語では「告解」と呼ばれてきた。告解によって罪がゆるされるカトリックの秘跡を、現在はわかりやすく「ゆるしの秘跡」ともいう。信者の罪の告白を聞いた司祭は、罪の償《つぐな》い方を教えたり、告白者とともに神にゆるしを願ったりしたあとで、神にすべてをささげることによって司祭に与えられた聖なるパワーを使い、告白者の罪をゆるしてくれるのだ。

「ご安心ください。あなたの罪はゆるされました」

告解の終わりには、司祭はそう言って告白者を送り出してくれる。

メジュゴリエでは、世界中からやってくる信者の罪の告白を聞くために、多くの司祭によって、さまざまな言語で告解が行われている。教会の脇の建物には告解用の細い小部屋がずらりと並び、一つ一つの小部屋のドアには何語で行われているかが掲示されている。日中は聖母出現の丘や十字架の山に登ることができるようにという配慮からだろうか。毎日、夕方五時から告解の時間が始まることになっていた。

メジュゴリエに着いた日、宿泊先の掲示板に貼ってあった教会スケジュールを見て、夕方のインターナショナルミサに出てみようと教会に行ってみると、多くの信者たちがいくつもの小部屋の前で列を作っていた。

さらに、教会の外の広場には、簡易式の椅子やベンチに司祭が座ってスタンバイしていて、そこでも多くの信者の告解を聞いていた。めずらしい屋外でのオープン式の告解の風景だった。そこには司祭と信者を分ける仕切りもない。お互いの顔が見えないようになっている従来の告解と違い、司祭と信者は顔と顔を見合わせて話をしている。そして信者は密室形式のように司祭の前でひざまずくのではなく、司祭の前や隣に座っている。

罪を告白したい者は従来式でもオープン式でも、好きなスタイルを自分で選ぶことができる。これがメジュゴリエ流。秘匿性への配慮を望む信者は従来式の小部屋の前に並べばよいし、閉ざされた空間の息苦しさより開放感を望む者は、屋外のベンチを選べばよい。

私が初めてこのオープン形式の告解の風景に出会ったのは、パリに住んでいた頃。近くの聖ザビエル教会でのことだった。屋外ではなくて教会内だったが、照明を暗めに落とした聖堂のあちらこちらで、司祭と信者がランプの置かれたテーブルをはさんで向き合って座り、話し込んでいた。初めて見るその穏やかな告解の光景は、せまい密室での告解しか知らなかった私にとっては衝撃的で、心の中で感嘆の声を上げたのだ。

窮屈な告解室の中でひざまずいてゆるしを乞うより、こんなふうに語り合うほうがよっぽどよい。だが、こういう作法の告解に出会ったのはこれ一回きりだった。日本に帰ってきてからは、少なくとも私の出入りする教会では、ゆるしの秘跡を受けようと思えば、相も変わらず暗い小部屋に入って両膝をつかなければならなかった。

だから、メジュゴリエでそのオープンな告解の光景を久しぶりに目にした瞬間、私の心は躍った。告解室を使わないというだけでなく、ここではさらに教会の外、大空の下で行われている。オープンの二乗で、それは寛容な雰囲気に魅せられた。

夕暮れ時の罪の告白

罪の告白をするという行為は、特になにかものすごい大罪を犯していなくても気乗りのしないものだから、そんなことはできればしないですませたい。信者の中には、そうやって、長年、告解をせずに過ごしている人もいる。私は怠け者の典型なので、クリスマスや復活祭のお祝いの前には告解をするように心がけてはいるものの、やれ仕事で忙しいだの、やれ風邪をひいただのと言い訳をして省略してしまうこともある。

そんな私だからこそ、絶対にこの機会を逃してはならない。ここで告解をしなかったらいつするの？　そういう意欲が自然とみなぎってきた。

すると、どうしたことだろう。

一人の司祭の足元に「ENGLISH」と書かれたサインが置かれていて、対面する椅子が空いているではないか。

私がここで告解をするなら英語でするしかない。私は吸い寄せられるようにして、その司祭の前の椅子に座った。

聖ヤコブ教会の外で信者の告白を聞く司祭

私はアメリカに住んでいたことがあったので、そちらで英語のミサにあずかったことは何度もあるが、英語で告解することだけは避けてきた。日本語でも自分の罪をすらすらと告白する芸当はできないのに、英語ではなおさらむずかしいではないか。そう思って、アメリカでは告解をしたことがなかった。

「英語でする告解は初めてなので、よろしくお願いします」

司祭に挨拶代わりにそう言うと、明るい感じの司祭は、笑顔で答えてくれた。

「大丈夫。助けますからね」

あら、アメリカ人の神父様だ。司祭の話す英語からそうわかって、なんとなくうれしくなった。自分としては、アメリカ人司祭なら慣れているから接しやすく、緊張も少なくて済むだろう。それで私は日本から来たことを伝えた。自分についても最低限知ってもらわないと、自分の罪も正しく理解してもらえないだろうとも考えたのだ。

即断した告解だったが、さて、ここでも心の準備が足りなかった。いざ、自分の罪を話し始めると、だれかを悪く思いましたとか、人に親切にしませんでしたとか、いつものようにかなり普通の内容になった。自分は一市民としてこれまで法に則《のっと》って生きてきたので、犯罪というものとは無縁で、車の運転で交通違反の切符を切られたこともない。一方、ごく日常的な、人間としての間違いはしょっちゅうしてしまうので、告解ではそうしたことに対する反省の弁を子どものように反復して述べてきた。

アメリカ人司祭は、辛抱強く聞きながら、促すようにさらにたずねた。

「ほかに、話していないことはないですか」

自分自身、このメジュゴリエの特別な機会にこんなありきたりの小罪の告白では物足りないような気がしたが、犯してしまった重大な罪というのは、この期に及んで隠し事をするつもりはないのだが、思い当たらない。

「ほかに、何かないですか?」

それでもまだ、司祭は明るい笑顔を絶やさずに、私にたずねるのだ。

うーん、そう言われても……。

しばし頭の中ががらっぽになったあと、私は司祭に向かって思いつくままに話し出した。これまで自分の中の奥底に沈めてだれにも話すことのなかった心の内を、ようやく思い出したかのように。

司祭はさらに辛抱強く、私の話を聞いてくれた。

どうしてこれまで話さなかったかといえば、私は単に、それが自分の罪だとは思わなかったからだ。罪が大きすぎて打ち明けられないでいた、隠していたというようなことではまったくない。それは日々の生活の中で抱えてきた雑多な悩みや、仕事での失敗あるいは後悔のようなもので、罪というのとは本質的に違っていると思っていたのだ。しかし、人生の迷いは信仰の弱さの表れなのか。罪の意識が私には足りなかったのか。そうだ、聖書にも「思い悩むな」「思い煩《わずら》うな」とあるではないか。

「よく話しましたね。とても良いコンフェッション《罪の告白》ですよ」

司祭は私をねぎらうかのように、励ましの口調で言った。

「ですから、そういうことに心を煩わせてきた自分の弱さや不寛容さを、神様にゆるしていただきたいと願います」

司祭の変わらぬ明るい笑顔に私の頑《かたく》なな心が溶けたのか。罪のゆるしを願う言葉が私の中からすっと出てきた。すると、司祭は私といっしょに神へのゆるしを願いながら祈ってくれたあと、私の頭に手を乗せた。

「父と子と聖霊の御名によって、あなたの罪をゆるします」——

　こうして私の罪はゆるされた。

とはいっても、私の罪がめでたくゆるされるのはこれが初めてではない。告解するたびに、司祭は最後にこう言って私の罪をゆるしてきてくれたのである。

　しかし、今回はなぜか、ちょっと違う余韻があった。これまでの告解では感じたことのない、思いがけない安堵感とすがすがしさが自分の中に広がっていったのだ。ゆるされた罪の分だけ自分が軽くなって、今なら天国に舞い上がっていけそうな気分。ありがとう、神父さま。告解のあとで善き牧者への感謝の念があふれてきたのも、初めてだったかもしれない。英語での告解というハードルはいつの間にか飛び越えていた。あとになって、私はそのことに気づいた。

　このポジティヴな体験は私を超模範的な信者へと変身させ、メジュゴリエの滞在中、私は連日、夕暮れ時の空の下でゆるしの秘跡を受けた。

　オープン形式の告解では、司祭には私の表情がわかるし、私にも司祭の表情がわかるから、司祭も信者もやりやすいようでやりにくさを感じることもあるだろう。私にゆるしを与えてくれた司祭のほとんどは経験豊かな告解の聞き手だったが、一人の若い司祭からは、若干、ぎこちない感じがこちらに伝わってきた。密室では信者が一方的に罪の告白をし、司祭が一方的にゆるしを与えて終わりだから、新米の司祭は密室形式のルーティーンによる告解のほうがやりやすいかもしれない。と、司祭側の事情を推察するのはおこがましい。

いずれにしても、私にとっては、伝統的ないかめしさよりも、屋外で司祭と向き合うおおらかさのほうが、自分の心の奥底にあるものを打ち明ける助けになったことは間違いない。自発的に罪の告白なるものをしようにも、暗い小部屋に押し込められて、陰気な雰囲気の中で行われるなら、罪から解放されて心が晴れるどころか、自分の情けなさを恥じるかなにかで、感情的にはさらに落ち込んでしまうこともある。それに対してメジュゴリエでは、自然に囲まれた教会の外のベンチにフレンドリーな態度をくずさない司祭がいて、お互いの表情を隠すこともなく、語らうように心を開いていくことができたからこそ、終わったあとに魂のカタルシスがあった。司祭と私との間で神の御力《みちから》が働いた、とカトリック的には表現してもよいのだろうか。

カトリックになじみのない人のために一般的なことにたとえれば、告解、あるいはゆるしの秘跡は、一種のカウンセリングのようなものと考えるとイメージしやすいかもしれない。司祭は心理カウンセラーのような役割を持つ人だ。罪がどうのこうのというのはキリスト教の十八番《おはこ》なので、犯罪やそれに近い行為をしたということなら話は違ってくるが、ごく日常的で人間的な悩みがあるということなら、あまり深刻に考える必要はない。それがささいなことでも間違ったことをしてしまったという自責の念ゆえの悩みなら、心理カウンセラーとのカウンセリングでも、相談者は自分をゆるすことや自責の念から自分を救うためのアドヴァイスをしてもらえるはずだ。

告解がカウンセリングやセラピーと違うのは、単なるアドヴァイスや治療が目的ではないということだ。キリスト教的には、間違いは罪であり、罪のゆるしと救いは神様から与えられるもの。相談者、ここでは間違いを告白する者が、自分の間違いを認めて心から後悔するなら、その間違い、すなわち罪は神様からゆるされ、そのゆるしであなたは救われる。そういうお墨付きを代理者の司祭からいただいて、また新しい気持ちでやり直す機会を与えられる。それがゆるしの秘跡だと、むずかしいことは抜きにして考えていただければよい。神に背を向けていた者が再び神に向かうという心の変化から、回心ともいう。「改心」ではないのはカトリック用語ならでは、とだけつけ足しておこう。

メジュゴリエで、私は聖母マリアからメッセージを受け取ることもなかったし、そのほかの超自然的な現象を体験することもなかった。そもそもクリスチャンだといってもこれまで一度も神様の声を聞いたことはないし、呼びかけられた覚えもない。祈ろうとしても、祈りとは無関係な雑念ばかりが浮かんできてしまう。スピリチュアルな特性などまったくない、ごくごく凡庸な人間なのだ。と、こんなふうに言うと、「それはあなたが神様の声を聞こうとしないから」「どうでもよいことばかりに気を取られているから呼びかけられても気づかないのだ」などというお説教がどこからか聞こえてきそうだが。

そんな私でも、メジュゴリエで受けた罪のゆるしは、特別な恵みだったと素直に感じられるのが正直なところだ。それまで背負っていた人生の重荷をようやく下ろすことができたような心の平和が与えられたという感覚は、決して勘違いではない。

では自分の身になにか具体的な変化があったか、ということについては、残念ながら、たいした変化は認められないのだ。しいて言えば、日本では、蒸し暑い夏から不眠に悩まされていたのだが、メジュゴリエに来てからというもの、あわただしい旅の途中にもかかわらず、よく眠れるようになっていた。眠れないために、耳鳴りがするという体調不良のサインが出ていたが、その耳鳴りもなくなった。それは単に、照りつける太陽の光の中を延々と歩き、丘を登り、山を登り、日頃なまった身体が疲れ果てた結果として眠りに落ちただけなのかもしれない。それでも私は、病気の治癒とはいわないまでも、これはきっと、メジュゴリエで与えられた恩寵なのだろうと、こじつけて思うことにした。

それにしても、世界各地からメジュゴリエに集う多くの巡礼者たちは、内戦中の出来事をどう考えているのだろうか。聖母マリアの丘で祈りを唱えるカトリックの人たちにとって、この国で今も続く民族の分裂は単なる他人事なのか。論争の神秘の地をさまよいながら、私の心のノートに新たな問いがまた一つ、書き込まれていくことになった。

三章
「平和の女王」と民族紛争

出現の丘の途中
聖母マリアが「平和！」と繰り返されたとされる場所

★

教会の敷地内の目立たない一角にギフトショップがあった。入ってみると、信者の間で「ご絵」と呼ばれるカードやロザリオ、十字架のペンダントといった定番の教会グッズが並べられている。

中でも目についたのは、メジュゴリエの青い空と白い雲を背景に描かれた聖母マリアの絵。白いベールと薄いグレーの衣をまとい、小さな雲に乗って両手を大きく広げる御姿は、「見た者」たちが出会った聖母《ゴスパ》を再現しているようだが、どうやらこれが、メジュゴリエの聖母マリアのイメージとされているようだ。その御顔はとても美しいのだが、表情にほほ笑みはなく、くっきりとした青い目はどこか冷たく輝いて見える。

このマリア様はなんだか怖い。私はそんな第一印象を受けてしまったのだが、美的感覚の違いだろうか。描いたのは、イタリア人アーティストで、出現の丘と十字架の山の大きなレリーフもこの人の作品だという。

店内には書籍コーナーがあって、なかなかの品揃えだ。メジュゴリエ関連の本がずらりと並べられていて、見ていくと、クロアチア語はご当地語だから当然として、英語、フランス語、イタリア語、スペイン語というメジャーな言語版に加えて、ポルトガル語、オランダ語、ポーランド語、ハンガリー語といっためずらしいヴァージョンもある。

ここでしか買えないような本ばかりなので全部買い込みたくなってしまうが、旅の荷物が重たくなりすぎるのも困る。それで、英語の本を数冊選んで購入した。そして、その中の一冊に、自分の抱えている数々の問いに対するなにかしらの答えが見つかるのではないか。そんな期待をした。

それはメジュゴリエの聖母マリアのメッセージ集で、一九九〇年から一九九四年までのものが集められている。この年代が内戦の時期と重なっている点が気になった。一九九〇年初頭はクロアチアがユーゴスラヴィア連邦からの独立に向けた動きを顕著化させていく時期だ。前章でも触れたように、聖母マリアの出現が始まったとされる一九八一年六月からちょうど一〇年後の一九九一年六月に行われたクロアチアの独立宣言によって、同国をめぐる武力衝突が勃発。クロアチアにほど近く、住民のほとんどをクロアチア系が占めるメジュゴリエにとっても深刻な脅威となった。そして翌年にはボスニア・ヘルツェゴヴィナが独立宣言し、同国で内戦の幕が切って落とされた。

ハードカヴァーのその本は、スラヴコ・バルバリッチという現地フランシスコ会の博識の司祭によってまとめられたもので、聖母マリアのメッセージとそれについてのスラヴコ神父のリフレクション（内省的解説）が綴られている。スラヴコ神父は、聖母マリア出現が伝えられた当時は国外に留学中だったが、帰国後、まもなくメジュゴリエに派遣されて「見た者」たちの霊的指導者となった。同時に聖母マリア出現の熱心な信奉者となり、「見た者」たちから伝えられるメッセージの伝道に力をそそいだことでも知られている。巡礼する人々の世話役もこなし、地元での奉仕に尽くすリーダー的存在の司祭だった。

ボスニア・ヘルツェゴヴィナの内戦中にはメジュゴリエにとどまって司牧活動を続け、孤児となったクロアチア系の子どものためのコミュニティ「母の村」を創立した。

メッセージ集の冒頭には「本書にかかわる事象の超自然的な特性についての判断はカトリック教会の権威のみが行えるもので、著者はそれに反する意図はない。また、『出現』『奇跡』『メッセージ』のような表現は、すべて体験的な価値観に基づくものである」という旨の注意書きがついている。聖母出現が公認されていないことへの配慮が示されているのだが、そのとおり、これから引用する聖母マリアのメッセージはすべて、スラヴコ神父個人が体験的に信じたものであり、それについての私の思索も、神父の体験的な記述や価値観を前提としている。

内戦中の聖母のメッセージ

ページをめくると、その内容と構成を理解するのに多少の時間がかかった。思い出さなければならなかったのは、聖母マリアが世界に向けて出されるメッセージを、「見た者」グループの一人、マリヤが毎月二五日に受け取るとされていることだ。本にはこの聖母マリアのマンスリーメッセージが月ごとに紹介され、スラヴコ神父の解説が続いている。収録は、一九九〇年七月二五日の次のメッセージから始まっている。

「愛《いと》しい子どもたち！　今日、あなたがたを平和へと誘《いざな》います。私は平和の女王としてここに来ました。私の母なる平和によってあなたがたをより善き者としたいのです。愛しい子どもたち、私はあなたがたを愛しています。そして、あなたがたすべてを平和へと導きたいのです。神のみが与えることのできる平和、皆の心を豊かにする平和へと。私の平和を、平和なきこの世界に伝え、証言する者となってほしいのです。平和を失い、平和を切望するこの世界全体が平和で治められますように。母なる恵みであなたがたを祝福します。私の呼びかけに応えてくれてありがとう」

聖母は「平和の女王」としてこう話されたという。平和を重ねて強調するメッセージだが、それから続く時期の記録から読み取れるのは、聖母マリアのメッセージの中心には、「平和」と「戦争」というテーマがすでにあったということだ。つまり、この本に収められているメッセージは、神の愛やイエスの教えについてのレクチャーのような一般的な内容というよりは、やがて勃発するボスニア・ヘルツェゴヴィナ内戦に深く結びついた具体的なものだと解釈することができる。伝えられる聖母マリアのメッセージと内戦の関係性を知りたかった私にとっては、ようやく一つの答えのヒントが与えられたように感じた。

さらにページをめくっていくと、聖母マリアのメッセージにもスラヴコ神父の解説にも、戦争の脅威への懸念が色濃く示されるようになっていく。

一九九二年の内戦開始直前から、聖母マリアは、

「祈り、回心し、新しい生き方の中を歩みなさい」

と説き、

「この動乱の日々に、サタン（悪魔）の誘惑に乗らず、祈りの中で神に近づき、救いの道

を行きなさい」

という暗示的な呼びかけをされたという。そして、

「あなたがたは私のメッセージを表面的に聞くだけで受け入れていません」

と、時に厳しく、

「あなたがたが新しい道を歩むことを助け、導くために、私はここにあなたがたとともにいるのです」

時に優しく諭される。メジュゴリエが属するヘルツェゴヴィナでクロアチア系勢力とムスリム系勢力の関係が悪化していく一九九二年後半には、

「サタンはあなたがたの魂やあなたがたのうちの聖なるものを破壊しようとしています。だからこそ、祈りなさい。そして私をより信頼し、私の言葉を聞き入れてください」

と、平和の道を進むことを呼びかけるメッセージが伝えられる。そして、カトリック系勢力とムスリム系勢力との武力衝突がモスタルで勃発するのを予見するかのように、

「平和のために祈りなさい。私は今日、これまでにないほど、そう、あなたがたに呼びかけます。なぜならサタンは戦争を望み、すべての善を破壊しようとしているからです。祈りなさい、祈りなさい、祈りなさい」

と、緊急性を帯びたメッセージを発して、強く「祈り」を求められる。

ところが、その約一か月後、聖母マリアの呼びかけもむなしく、モスタルで両者間の武力衝突が勃発。この頃から、メッセージには変化が見られる。

「戦争はサタンの願いです。そこから離れるために、私があなたがたを守り導きましょう。ですから、生き方を変えて、平和と善の道を進むように」

それまでの暗示的な表現ではなく、「戦争」という直接的な言葉を使った明確な呼びかけがされるようになるのだ。

しかし、再三にわたる聖母の平和へのメッセージは人々にはいっこうに聞かれぬままに、状況は非人道的に悪化の一途をたどる。一九九三年一〇月のメッセージは、モスタルのスタリ・モストが憎悪の砲弾によって破壊されるのを予見するかのようだ。

「ここ何年もの間、私は、祈ること、そして私が伝えることの内に生きることをあなたがたに呼びかけてきました。でも、あなたがたは私のメッセージを実践して生きることをしないのです。あなたがたは私のメッセージについて話はしますが、その内に生きることはしないのです。愛しい子どもたち、だから、この戦争はこんなにも長く続いているのです。あなたがたには、心を開いて神を受け入れ、神とともに生きてほしいのです。ところが、私があなたがたを愛し、あらゆる悪からあなたがたを守りたいと思っても、あなたがたはそれを望まないのです……」

メッセージは絶望的なトーンすら帯び、人々の頑なな心を嘆く聖母マリアの悲痛な叫びとなる。ヘルツェゴヴィナのカトリック教徒の兵士たちは、むしろメジュゴリエの「平和の女王」の呼びかけに反逆するかのごとく、残虐行為を続けた。

神父の静思録

内戦が激化する時代の聖母マリアのメッセージには、戦争と平和についての言及は多くなされているが、クロアチア人やムスリム、セルビア人という具体的な指摘はない。その補足的な役割を果たしているのが、スラヴコ神父のリフレクションだ。

それは難解なものではなく、ミサ中に信者に向けて司祭が行う説教のように、わかりやすい言葉で率直に記されている。加えて、毎月のメジュゴリエの様子や出来事が記録されているので、内戦中のメジュゴリエの教会と信者の動向に関心があった私にとっては、大変興味深い。

たとえば、ボスニア・ヘルツェゴヴィナ内戦が開始されると、スラヴコ神父はこんなふうに戦況を記している。

（注：リフレクション中の「モスレム人」という訳は、原文中の「Moslem」をそのまま訳している。イスラム教徒を指す「Muslim」、日本語訳で以前使われていた「ムスリム人」の別称で、現在は「Bosniak」（ボシュニャク）が正式な名称）

「……ボスニアのセルビア人は、大セルビア計画を今も続行中のセルビアの支援のもとに、クロアチア人とモスレム人に対して史上もっとも残虐な戦争を行っている。それ自体悲しいことだが、こんなことがヨーロッパの中心で、しかも、強大なアメリカの目の前でゆるされているのは、もっと悲しいことだ……」（一九九二年七月）

「……セルビア系軍隊はボスニアの町を攻撃し続けている。……なんの援助も届かなければ、多くの人々が餓死するだけでなく凍死するだろう。……我がクロアチア軍隊は戦いの準備ができており、攻撃されれば地域を守るために戦うだろう……」（一九九二年一〇月）

「……人道支援は可能な限り遠くまで届けられているが、多くの地域では侵略者がそれをゆるさないでいる。……セルビア人が強制収容所を作って、数え切れないほどのクロアチア人やモスレム人の女性や少女を組織的にレイプしていることが事実として確認された。だが、世界はこの卑劣な犯罪を、ほぼ無反応のまま見ているだけだ……」（一九九二年十二月）

神父は己の民族意識を隠さずに、過激な民族主義者のセルビア人を敵と断言し、その侵略を外の世界、特に欧米が黙認していると強い憤りを示している。ヨーロッパやアメリカの介入の動きが遅いことにいら立ちを隠さず、民主主義の強国がなぜ、こんな侵略を目にしながらゆるしているのかと、何度も訴えている。

外国との往来

一方、各地で戦闘が激化するのに対し、メジュゴリエでは、国内外の情勢についての不安はあるものの、直接的な武力衝突の危険や被害はほとんど及ばずに、平穏を保っていたことが神父の記録からうかがえる。

その観点から私がスラヴコ神父のリフレクションを読み始めてまず驚いたのは、紛争中、多くの地域では敵の勢力に阻まれて住民が封じ込められ、町や村から一歩も出られないような緊迫状況が続いていたにもかかわらず、聖母マリア出現の証言者たちが、実に頻繁にメジュゴリエから国外に出かけていたということだ。

英国、カナダ、アメリカ、スイス、イタリア、スペイン、ポルトガル、オランダ、ブラジル、香港、マカオ、台湾など、祈りの会やカトリックの会議に参加するために、スラヴコ神父を含む引率の司祭とともに、あちこちに旅をしている。日々、スナイパーの銃弾におびえて家から外出することすらできずにいたサラエヴォやモスタルの人たちの暮らしとは大きな違いだ。「見た者」たちは、カトリックの世界ではセレブリティのようになっていて、外国のカトリック団体からの招きが絶えなかったようだ。また、クロアチアやボスニア・ヘルツェゴヴィナの内戦が始まると、これらの若者たちには、国内の状況を外の世界に広く伝え、祈りから物資に至るまで、さまざまな支援を受け取ってくるという役割も与えられたのだろう。

メジュゴリエからこうした国々に行くには、隣国クロアチアのスプリットまで行き、そこから目的の国に向かうルートが考えられるが、一般市民の若者とカトリック司祭という無防備な旅人が問題なくその行路を往来できたわけだから、メジュゴリエがボスニア・ヘルツェゴヴィナの激戦地とは別世界だったことがうかがえる。そしてなにより、彼らがボスニア・ヘルツェゴヴィナのクロアチア系住民だったことも、クロアチアへの移動を容易にしたはずだ。ムスリム系やセルビア系の住民だったら絶対にそうはいかない。

さらにもう一つ私を驚かせたのは、この間、他国からメジュゴリエへの巡礼も途絶えなかったというスラヴコ神父の記述だ。内戦以前より人数は激減したのだろうが、アメリカ、カナダ、イタリア、フランス、ドイツ、ベルギー、英国、アイルランドといった常連国に加え、オーストラリア、オランダ、オーストリア、インド、コロンビア、ポーランド、ハンガリー、チェコ、メキシコ、プエルトリコなど、世界各地からの巡礼団が毎月のように訪れていることが記されている。

セルビア系武装勢力の蛮行を静観し続けるヨーロッパやアメリカの政府の冷淡さを嘆くスラヴコ神父にとっては、数は限られても、こうした絶えない外国人巡礼団の存在が、心強い励ましとなっていたようだ。内戦勃発後から約三か月後、六月の聖母マリア出現の記念日には、それは多くの巡礼者が集まって、インターナショナルな「平和の行進」を行ったことも、スラヴコ神父にとってとても誇らしい出来事だったに違いない。

翌年の記念日は、モスタルでカトリック系勢力とムスリム系勢力との本格的な武力衝突が始まったすぐあとにもかかわらず、多くの国から巡礼団を迎え、二万人から三万人が集って「平和の行進」をし、一〇〇人を超える司祭によってミサがささげられたというから、なおさら驚かされる。そして翌々年の記念日にはそれをさらに上回る規模で、六万人の巡礼者と約一五〇人の司祭が参加して盛大に記念行事が行われたという。この時期、国全体では戦闘が続いていたが、ムスリム系勢力とクロアチア系勢力間の停戦合意の成立によってヘルツェゴヴィナ地域でのこれら二つの勢力間の戦闘は終結していた。それゆえの盛大さかもしれない。

さらに、内戦中も毎年八月には、「若者の集い」のイヴェントが開催されていたということも注目される。こうした国外からの巡礼を内戦中でも可能にしたのは、なんといっても、メジュゴリエの安全な環境と、クロアチアに近いという地理的な要因だろう。聖母マリアがたとえばお隣のモスタルに、あるいは首都サラエヴォに出現されていたら、内戦中のこのような外国との往来は決してかなわなかったはずだ。

平和を求める聖母

平和の尊さを世界に伝え広める。そうすることを聖母マリアが「見た者」たちに繰り返し望まれたことも、本の中で示されている。一九九〇年のクリスマス、聖母マリアはこんなメッセージを残されたという。

「愛しい子どもたち！　あなたがたを平和への祈りに特別に招きます。愛しい子どもたち！　平和なしには、幼きイエスの誕生を、今日、そしてあなたの日々の生活の中で経験することはできません。ですから、平和の主《しゅ》を願い求めなさい。主はあなたを主の衣でおおって守り、心の平和の素晴らしさと大切さを理解するのを助けてくださいます。そうすれば、あなたがたは、平和を、あなたがたの心の中から世界中に広げていけるでしょう。私はあなたがたとともにいて、神の御前《みまえ》であなたがたのためにとりなします。祈りなさい。サタンが私の平和の計画を破壊しようとしていますから。互いに和解し、平和が全世界を治めるよう、人生の中で助けてください。私の呼びかけに応えてくれてありがとう」

熾烈な民族紛争中も比較的平穏が保たれていたメジュゴリエだったが、内戦の影響をまったく受けなかったということではなかった。スラヴコ神父のリフレクションに記述されている目に見える形での変化は、避難民の流入だ。モスタルでムスリム系勢力とクロアチア系勢力の武力衝突が始まった頃から、多くのクロアチア系の人々が安全を求めてメジュゴリエへ到着し始めたのだ。この避難民の流入の背景となったモスタルでの戦闘が始まると、スラヴコ神父は両民族の対立を悲しむ一方で、クロアチア人が一方的に悪者扱いされていると、たびたび訴えるようになる。

★

「……現在の政情は、クロアチア人とモスレム人の間に生まれた新たな対立によって、特にひどくなっている。これら二つの民族は、共産主義のセルビア人という共通の敵から攻撃され続けているというのに。多くは友人だったのに、状況はより複雑化して、平和的解決をみるのはよりむずかしくなってしまった」（一九九三年四月）

「モスタルとネレトヴァ川沿いの北部で、政情は先月、著しく緊張した。激しい戦いが続けられている。しかし、今度はセルビア人とではなく、モスレム人との戦いだ。これらの戦いは双方に多大な犠牲者を生み出しているが、世界はクロアチアとクロアチア人をただちに非難した。……どうして自分たちがいつでも真っ先に責められるのだろうか……」（一九九三年五月）

「……モスレム人たちはすべてのクロアチア人をボスニア・ヘルツェゴヴィナから排除したいのだ。クロアチア人から友人として避難民として受け入れられた者たちが、今はクロアチア人に襲いかかっている。……私はモスレム人を非難し、クロアチア人を正当化しようとしているのではない。ただ、クロアチア人たちも苦しんでいると言いたいのだ。……いずれにせよ、私たちは皆、ヨーロッパと残りの世界が興じる政治的、外交的ゲームの犠牲者だ……」（一九九三年九月）

スラヴコ神父によると、それまでクロアチア系住民は、セルビア系武装勢力との戦いによって生じたムスリム系避難民を自分たちの地域に多く受け入れてきたし、メジュゴリエに寄せられた支援物資を、近隣のモスタルのムスリム系住民にも惜しみなく分け与えてきた。それなのに、こうして助けてきたモスレム人が、いまや自分たちクロアチア人を攻撃し出した。神父の目には、友人を裏切り、戦略を変えたのはモスレム人で、彼らがクロアチア人支配地域を奪おうとしていると見えているのだ。神父の受け止め方は、典型的なクロアチア人の考えとも共通している。

一方、当時の外国メディア報道をはじめ、多くの専門家の検証では、モスタルの地でクロアチア系武装勢力がムスリム系住民の「浄化」を図ったという見解が広く示されている。スラヴコ神父はそれとはまったく逆の主張をしていることになる。だが、どちらが被害者でどちらが加害者かということは、どんな戦争においても国や民族によってその見方が大きく異なるものだから、スラヴコ神父の見解がクロアチア人側に偏り、一般的な見方と一八〇度違ったとしても、おかしいことではないのだろう。それに、スラヴコ神父はモスレム人を憎悪しているのではない。神父は「だれもが犠牲者だ」と、超越的なまなざしを戦場に向けている。

スラヴコ神父はメジュゴリエに流入したクロアチア系避難民、特に孤児や引き取り手のない子どもの置かれた状況に心を痛め、親身になって世話をし続けた人だ。クロアチア系避難民の苦境を見つめ続けた神父だからこそ、そうしたことについては報道がなく、ムスリム系住民だけに同情的な国際世論が集まることに不満があったし、クロアチア人ばかりが世界から一方的に責められていると感じて不条理を覚えないわけにはいかなかったのだろう。

私はスラヴコ神父が創設された「母の村」を実際に訪れて、クロアチア系避難民のために神父が創られたコミュニティを見てきたし、弱者のために献身的に尽力されたスラヴコ神父には尊敬の念を禁じ得ない。だからこそ、スラヴコ神父の苦しい心情が察せられる。

記録されない出来事

客観的な視点から見れば、こうした民族間の致命的にまで大きなギャップが、当時も今も埋まることなくそのままの状態で存続していることが、この国の平和のあやうさにつながっているのだろう。そうしたギャップの原因にもなっている焦点のズレは、スラヴコ神父の本を読みながらリサーチを重ねていくうちに、当時のスラヴコ神父が描かない事柄からも透けて見えてくるようになった。

「母の村」のスラヴコ神父像

＜メジュゴリエでの平和会談＞

一九九三年五月、メジュゴリエに国連とＥＣ（欧州共同体）の代表、そしてクロアチアとボスニア・ヘルツェゴヴィナの両大統領が集まって、モスタルでの武力衝突についての休戦交渉が行われた。

「メジュゴリエが政治状況の中で役割を果たしているので、今は皆により多く祈ってほしい。五月十八日に、メジュゴリエで重要な平和会談が開かれた。休戦プランが聖母マリアのご加護の下に、署名された。私たちはこのプランが成功することを祈っている……」

メジュゴリエが平和会談の舞台となったことについては、スラヴコ神父はこのようにおおまかに書き留めている。

しかし、スラヴコ神父が記していない別の平和交渉が、この会議の数日前に行われていた。子どもや女性を含む約一千三〇〇人のモスタル住民が、クロアチア系武装勢力によってモスタル郊外の施設に強制収容されたことが背景にある。住民の解放について国連の仲介による一〇時間以上の長い交渉がメジュゴリエで行われ、合意が達成、署名されたのだ。強制収容された人々のほとんどがムスリム系住民で、この強制収容は、クロアチア系勢力がモスタルからムスリムを永久追放する、つまり「民族浄化」するための動きではないかと懸念された。

この合意と強制収容所の状況は、会議当日、ニューヨーク・タイムズ、ワシントン・ポスト、ロイターなどの欧米主要メディアが伝えている。こうしたメディア関係者がメジュゴリエに押しかけたのだから、地元の人々が気づかないとは考えにくいし、メジュゴリエにそのニュースは伝わったはずだ。

しかし、不思議なことにというか、不自然なことにというか、スラヴコ神父のリフレクションにはこの平和交渉についてはいっさい言及がない。十八日の平和会談については人々に祈りを呼びかける一方で、ムスリム系住民の強制収容についてはいっさい触れられていないのだ。

神父は逆に、同じ月のリフレクションで、多くのクロアチア人がモスレム人による攻撃の犠牲になったと記している。


「……モスタルの北のコニーツとヤブラニツァでは、三〇のクロアチア人の村が焼かれ、多くの人々が殺され、拘束された。コニーツでは、三人のフランシスコ会司祭と三人のシスターが監禁された。メジュゴリエに駐屯しているスペイン人国連軍の助けを得て、四〇日後にようやく彼らと連絡が取れた……」

コニーツ、ヤブラニツァは、サラエヴォとモスタルの中間くらいに位置し、メジュゴリエからは車で二時間くらいかかる、遠く離れた地域だ。フランシスコ会の仲間たちの身の上に起こったことだから、その安否を心配したあまりに書かれたのだろうということはよく理解できるのだが、これと同じ頃に近郊モスタルで強制収容された一千三〇〇人のムスリム系住民とその家族については、リフレクション中になんの憂慮も示されていないのだ。起こったことを知らないのか、あえて触れないのか、事実として受け入れられないのか。神父の内心も事情も想像の域を出ないのだが、これには正直、フランシスコ会の友愛の精神はどこへ行ってしまったのかと、少なからず残念な思いがした。

＜強制収容所＞

監禁、強制収容ということに言及すると、内戦中、メジュゴリエ周辺にはクロアチア系武装勢力が管理するいくつかの強制収容所があった。

スラヴコ神父は、セルビア人が作った強制収容所については何度か言及し、ひどい人権侵害が行われていると非難しているが、メジュゴリエからさほど離れていない地域にあるクロアチア系の強制収容所のことは、ご存じなかったのだろうか。これらのうちでもっとも悪名高い収容所は、メジュゴリエから車で二〇分程度の距離にあり、一九九三年には二千三〇〇人近くのムスリム系住民が収容されていた。拷問や虐待などの非人道的行為がクロアチア系武装勢力によって日常的に行われていたことは、旧ユーゴスラヴィア国際刑事裁判所*の法廷でも証言されている。

そして、毎年の一大イヴェントである「平和の行進」が近郊のフマッという地にあるフランシスコ会修道院から出発するとスラヴコ神父は書いているが、その出発地点から約一キロメートルのところにもクロアチア系の強制収容所があり、女性や知識人を含めたムスリムの被収容者が、非常に不衛生で劣悪な環境の中、強制労働を課され、虐待を受けていた。

しかし、私が読み落としていない限り、スラヴコ神父のリフレクションの中には、こうしたクロアチア系勢力による強制収容所は存在しないのだ。

誤解のないように補足すると、内戦中、ボスニア・ヘルツェゴヴィナの主要三民族すべてが、それぞれの支配地域で収容所を設置していた。セルビア系やクロアチア系だけでなく、ムスリム系武装勢力もまた、強制収容所を作って敵を収容していた。どの民族の人々も収容した側でも収容された側でもあり、加担者はどの民族であれ、人権侵害などについての大きな責めを負っている。だから、民族の戦いの中でクロアチア人だけが罪を犯したというようなことでは決してない。それでも、やはり司祭であっても人の子、同胞のクロアチア人の蛮行からは目をそらしたい意識があったのだろうか。

メジュゴリエで署名された先述の休戦合意はすぐに破られ、その半年後には、モスタルで四〇〇年の歴史を誇るスタリ・モストの破壊というショッキングな事件が起こったが、それについても神父のリフレクション中には触れられていない。

＜国連軍スペイン人部隊の駐屯＞

もう一つ、内戦中のメジュゴリエについて特筆すべきは、メジュゴリエには国連平和維持活動に参加していたスペイン軍大部隊の本部が置かれていたという史実だ。モスタルでの任務を負った国連保護軍UNPROFORのスペイン人部隊はメジュゴリエに駐屯し、そこからモスタルの戦場へと向かったのだ。駐屯する国連軍の存在は、もとから比較的安全だったメジュゴリエが外部から攻撃される危険性を、さらに低下させたはずだ。

私がメジュゴリエを旅するきっかけとなったのは、この地に関するドキュメンタリー映画を見たことだったとすでに書いたが、それがスペインの制作であるのは、スペインでは今でもカトリックの信仰を守る人々が多いことと関係しているのかと思っていた。でも、ボスニア・ヘルツェゴヴィナ内戦中のスペイン軍のメジュゴリエ駐屯という史実があるのなら、スペイン人がメジュゴリエに関心を寄せるのにはこうした過去も関係しているのかもしれない。

ところが、この国連軍駐屯については、なぜか、メジュゴリエ関係者によってあまり語られてきていない。スラヴコ神父も先にあげた司祭とシスターの拘束に関する一件以外は触れていない。

私がこれを知ったのは、ボスニア・ヘルツェゴヴィナに展開した国連保護軍について、いろいろと資料をあたっている最中のことだった。メジュゴリエに駐屯していたスペイン軍関係者が、旧ユーゴスラヴィア国際刑事裁判所の法廷に呼ばれて証言したということもあったと知った。

それらの資料からは、モスタルでの過酷な任務を負ったスペイン人部隊にとって、メジュゴリエはオアシスのような場所であったことがうかがえた。国連軍のピースキーパーたちにいっときの休息の地を提供できたのなら、メジュゴリエが果たした平和への貢献といえるから、地元の人々にとっては大変栄誉なことだと思うのだが、どうして、これらのことがメジュゴリエの内戦中の歴史から抜け落ちてしまっているのだろうか。

メジュゴリエではほかにも和平に関する国際協議が行われた記録が残っているが、メジュゴリエの聖母出現を扱ったインターネットのウェブサイトでは、メジュゴリエの歴史の紹介の中でそうしたことにはほとんど触れられていない。これは、私には少々不可解に思えた。地元の人々にとっては、聖母マリアの出現と比べたら、国連軍の駐屯や和平協議などは気にもかけない程度の出来事だったのだろうか。あるいは、栄誉なことであってもモスタルでの残虐行為を連想させるような事柄は、封印されてしまっているのだろうか。

＊旧ユーゴスラヴィア国際刑事裁判所（International Criminal Tribunal for the former Yugoslavia）

一九九三年に国連安全保障理事会によってオランダのハーグに設立された国際裁判所。略称ＩＣＴＹ。一九九一年以後の旧ユーゴスラヴィア領域において国際人道法違反を犯した個人を訴追することを目的に設置された。旧ユーゴスラヴィア共和国のさまざまな民族グループの人々に対する犯罪の容疑者として一六一人を起訴、二〇一七年に閉所するまでに九〇人がジェノサイド、戦争犯罪、人道に対する罪で有罪判決を受けた。（ジェノサイドについては「エピローグ」を参照）

神父の帰天

約一年半にわたるクロアチア系武装勢力とムスリム系武装勢力間の激しい戦闘がようやく停戦すると、葛藤が続いていたスラヴコ神父の心にも、余裕と希望が戻ったようだ。

「……神に感謝し、和解が続くよう希望し、祈ろう。和解については、すべての者の心の中に和解をもたらすより、休戦をもたらすほうがやさしいだろう。戦争や対立はいつでも心の中から始まるからだ――ゆるさない心、憎む心、ゆるしを受け入れる準備ができていない心の中から。これは魂の奥深くで徐々に進んでいくはずの、深い内的プロセスなのだ。魂の傷はすべての人々に――クロアチア人、モスレム人、セルビア人に、深く残っている。私たちは祈りと断食をとおして、心の平和が、内的、外的平和が訪れることを希望する……」（一九九四年三月）

この本は二〇一六年に出版された。一九九〇年から一九九四年という年代のものが第一巻としてまとめられたようだが、聖母マリアのメッセージと内戦の関係性を再検討する試みなのだろうか。そんなふうに思ってもみるが、本には説明がないので出版の意図ははっきりしない。

スラヴコ神父のリフレクションについては、読者は書かれていることだけでなく、書かれていないことの意味をも考慮する必要があるだろう。それでもこの本の内容は示唆に富み、紛争当時の聖母のメッセージとメジュゴリエの状況について、私に多くのことを教えてくれた。聖母マリアの出現を固く信じたスラヴコ神父は、メジュゴリエへの深い愛着ゆえに、上からの異動の令にもかかわらず、戦後もメジュゴリエにとどまり続けたという。それほどまでにメジュゴリエの聖母への信仰を守ることにコミットされたスラヴコ神父であるからこそ残すことができた記録だ。

デイトン和平合意が仮調印されてから五年後、スラヴコ神父は、奇しくもイエスの十字架の山で、五四歳で息を引き取られた。信者とともに十字架の道行を終えようとしていた時の、突然のご帰天だった。

聖母は守り、祝福する

洗礼者ヨハネの祝日の六月二四日、ふいに姿を現されたというメジュゴリエの聖母マリア。洗礼者ヨハネはイエスが宣教を始める前、ヨルダン川のほとりの荒野で、

「悔い改めよ」

と宣べ伝えたが、メジュゴリエに現れた「平和の女王」も、その聖者の叫びを思い起こさせるかのように、「見た者」たちを介して、平和を求め、祈りと罪の悔い改めを求めるメッセージを繰り返されたという。そしてその一〇年後、ユーゴスラヴィア崩壊の運命をたどる民族対立の危険な兆候は頂点に達した。聖母マリアは忍耐強く平和を呼びかけ、とりなしを続けるのだが……。

「愛しい子どもたち！ ……母なる恵みをもって祝福し、神の御前にあなたがたをそれぞれ

とりなします。あなたがたに改めて呼びかけます。私のメッセージの中を生きるように、そして、人生において私のメッセージを実践するようにと。私はあなたがたとともにいて、あなたがたを日々、祝福しています。愛しい子どもたち！　今は特別な時代です。ですから、私はともにいます。あなたがたを愛し、守るために。そして、あなたがたの心をサタンから保護し、あなたがたを私の息子イエスの心により一層近づけるために……」

（一九九三年六月二五日、出現十二年目の記念日、聖母マリアのメッセージ）

メジュゴリエとボスニア・ヘルツェゴヴィナの民族紛争の関係をまとめると、内戦中のメジュゴリエは、激しい戦闘とは無縁であったけれども、内戦とは無縁ではなかった。そして、聖母マリアから伝えられるメッセージは、内戦前も内戦中も聞き入れられることはなく、内戦が終結して新世紀を迎えても、いまだに聞き入れられていない。モスタルの分断は現在も続いている。この国の戦争は終わったが、スラヴコ神父が記したとおり、人々の心は真の和解には至らないまま、休戦状態を続けているようだ。それが、聖母マリアのメッセージが今も毎日送られているとされる理由なのだろうか。いったい、いつまで聖母マリアが出現を続ければ、人々の心は平和に向くのだろう。

「愛しい子どもたち！ ……今日、あなたがたとともに喜び、平和のために祈ります――心の平和、家庭の平和、願いの中の平和、全世界の平和を。今日、平和の王があなたがたを祝福し、あなたがたに平和を与えてくださいますように。私はあなたがたを祝福し、それぞれのことを心に留めます。私の呼びかけに応えてくれてありがとう」

スラヴコ神父の本に収められている最後の聖母マリアのメッセージは、一九九四年のクリスマスに伝えられたというもの。聖母はいつまでも繰り返して平和を祈り、子どもたちを守り、祝福し続ける。

★

初めてのメジュゴリエでの滞在はあっという間に終わった。

ボシュニャク系住民の多い首都サラエヴォからモスタルのボシュニャク系地区を経て、クロアチア系の土地メジュゴリエにやってきたわけだが、メジュゴリエにはモスクがないという点を除けば、そこに住む人々について特別に際立った違いというものを私は感じなかった。

ムスリムのボシュニャクもカトリックのクロアチア人も同じ南スラヴ人なのだから、外見的には変わらない。ボシュニャクの人たちは、オスマン帝国占領時代にイスラム教に改宗した家系にあるというだけで、中東やアジアの異国から移住してきて住み着いた異人種のイスラム教徒ではない。ヒジャブなどの服装の違いがあれば雰囲気も変わるが、モスタルやサラエヴォではボシュニャクの女性はほとんどがヒジャブをかぶっていないので、そういう意味でも外見的に特別な違いはない。

それぞれ、あたりの風景とお土産屋さんで売っている品物が違うだけで、モスタルのオールドバザールの売り子さんとメジュゴリエの教会周辺のお店の売り子さんに外側から知り得る際立った違いがあるかと聞かれれば、小さい違いもないのでは、というのが私の持った印象だった。

この滞在はサラエヴォを拠点としていたので、私はメジュゴリエからモスタル経由でサラエヴォに戻ることにしていた。モスタル－サラエヴォ間のバスのチケットは、行きと同様に手配済みだったので、あとは、メジュゴリエからモスタルへの移動手段を現地でアレンジするだけだった。

当初は宿泊先のアイリッシュハウスに頼んでタクシーを手配してもらおうと思っていたのだが、結局、そうしなかった。

それには理由があった。私は、自分に課したささやかな苦行として、メジュゴリエはすべて徒歩で回ろうと決めていたのだが、十字架の山に登る際には体力温存のために、教会からちょっと離れた山まで禁を破ってタクシーを使った。そうしたら、運転手さんに英語がまったく通じなかったのだ。モスタルまでタクシーを頼もうと思ったのは、車中、内戦当時のメジュゴリエの話を地元の人からいくらかでも聞ける数少ないチャンスになるのではと期待してのことだったのだが、英語が通じないのでは運転手さんとの会話が成り立たない。そうであれば、安くはないタクシー代を払って一時間弱の道を会話なく過ごすのはいろいろな意味で残念だ。

さらに私には、英語が通じないということ以外にもう一つ、気になったことがあった。タクシーのドライヴァーたちは、教会の外のタクシー乗り場で客待ちのためにたむろしているのだが、土地柄なのか、職業柄なのか、なんだか気性が荒そうな人が多い。私が乗り込んだタクシーの運転手さんもそうだった。年齢的には四〇代から五〇代くらいに見え、そうすると、内戦中、モスタルでムスリム系勢力との戦闘に加わった兵士だったのではないか？　そんな疑心が、どうしても生まれてきてしまうのだ。モスタルで残虐行為をしたとしてもおかしくないような荒々しさ、というのは私の勝手な印象によるものであって、そう決めつけるのはまったくフェアではない。それはわかっていても、元兵士のドライヴァーとモスタルまで同乗するというのは万が一という可能性でも避けたかった。

しかし、同時にこれは実に矛盾したことであって、自分の抱える疑問の究明のためにはそうした人にこそ話を聞くべきだし、その目的のためにはむしろ積極的に元兵士だった可能性のある人物に接近を試みるべきなのだ。そうはわかっていても、初対面の人にどれだけのことが聞けるのか、それに話が戻るがそもそも英語が話せる相手なのかなどなど、私はあれこれと言い訳を並べて計画を破棄した。ボシュニャクの人たちへのシンパシーをすでに持っていた私は、自分の心の狭さゆえ、自分と同じ信仰を持つはずのヘルツェゴヴィナのカトリックの人たちを遠ざけることになってしまった。

そんなわけで、急遽、すでに懐かしのという感じになったモスタルで泊まったペンションのオーナーに、モスタルまでの送迎サービスを頼みたいのだけれど、メジュゴリエに迎えに来てもらえるかとメールで問い合わせてみたところ、やる気にあふれたFさんから、

「もちろん！」

という返事がすぐに来た。

出発当日の朝は、オーナー夫妻は感心なことに時間厳守でやって来た。英語が不得意なドライヴァーの夫をフォローするため、この日はガイドのビリーではなく、妻のFさんが同乗してきた。モスタル滞在中はFさんと話す機会がなかったので、思いがけなく時間ができてよかっ

た。

「メジュゴリエはどうでしたか？」

「あれこれ忙しかったのですよ。でも、アメリカ人がたくさんいたのは意外だったわ」

Fさんの問いかけに、私は聖母マリアやクロスマウンテンなど、カトリックのことを話すのは控えて、さしさわりなく答えた。そして、アメリカ人の話をしたついでに自分がアメリカに留学していたと話すと、

「私はドイツで育ったんです。父親がドイツにいたから」

とFさんが言った。ボスニア・ヘルツェゴヴィナでは、昔も今も仕事を求めてドイツに行く人が多いのだ。だから彼女はドイツ語も話せるという。

なんでもハキハキと話す彼女に、私は、思い切って内戦中のことを聞いてみた。

「それなら、内戦中もドイツで暮らしていたの？」

「そう、ドイツにいました。家族はみんな。だから私たちは大丈夫でした」

「そうなんですか。それはよかったわ」

「でも、彼のお父さんは内戦中に殺されたんです」

助手席から、隣の運転席の夫を見ながら彼女が言った。

突然聞かされたショッキングな話に、私は後ろの席で一人、動揺し、返す言葉を失った。D

さんがそんな体験をしていたなんて……。

運転中のご当人は、自分の父親のことが話されているとわかっているのだろうか。前を向いて黙々と運転し続けている。

「……それは、大変でしたね。彼やお母さまは大丈夫でしたか？」

「ええ、大丈夫でした。彼、まだ七歳だったんです」

内戦時の戦闘の過酷さについては、報道でも本の中にもたくさん描かれていたが、内戦中に家族を失った人の話を直接聞くのは、これが初めてだった。今、いっしょにいるのが実際の戦死者の遺族だとわかると、痛ましさが近すぎてつらい。

七歳の子どもが内戦で父親を亡くす。そんな悲しすぎる経験をした人がここにいる。そうした個人的な過去については、宿に一泊しただけではわからない。あえて言われなければわからないが、こういう悲しい記憶をひそかに心にとどめている人が、モスタルにはどれだけいるのだろう。

Fさんによると、Dさんは当時のことをよく覚えているそうだ。

「民族浄化」の戦いの中で育った夫と、ドイツにいたので内戦の経験がない妻。遠く離れた場所でまったく違った子ども時代を過ごした二人だが、Fさんのほうが知り合いを訪ねてモスタルに滞在していた時に、Dさんと知り合ったのだそうだ。

「彼には弟と妹がいて。母と弟と妹を守るために、モスタルから離れないって、彼は決めていたんです」

それで、彼女も決心したという。

「だから、彼と結婚するために、私はドイツに帰らずに、モスタルに残りました」

悲しいことと美しいことが交錯していた。父を内戦で失った夫の家族愛、妻のその夫への愛、どちらも麗《うるわ》しいラヴストーリー。

そんな内戦の傷を負った夫を持つFさんだが、彼女はことあるごとに、「I love everybody. 私はみんな大好き」と言う。どの民族の人も好き、と。

思えば、サラエヴォでお世話になったボシュニャクの女性たちもそうだった。

「みんな、うまくやっている。やろうとしているわ」

私が話したボシュニャクの女性たちは、異口同音にそんなふうに話すのだ。その話しぶりから彼女たちの平和を願う真摯な気持ちが伝わってきて、私にはそんな彼女たちがいじらしくさえ感じられてしまう。

むずかしいことだけど、困難を乗り越えよう。自分たちはだれも憎まない。だれも敵だと思わない。自分たちは、ただ平和があればいい。

彼女たちはそうやって、多民族国家の中の小さき者として、寛容の精神を普通のこととして呼びかけている。平和の構築には女性の視点が欠かせないというのは、国連でもさまざまな分野の学術研究でも提唱されていることだが、それは単に、国際社会のトップリーダーや学者たちによる、はるか高所からのアドヴォカシーだけを意味しない。本当のところを見つめ、大切なことを知っているのは、平和を愛し求めるこういう普通の女性たちだ。世界のどこかでこんな出会いをするたびに、国際協力のフィールドワーカーとして働いてきた私はそういう思いを強くする。

モスタルまで、再びこの人たちに車を頼んでよかった。ほんの少しだけれど、出会った人たちの人間的な一面を知ることができたから。こうしたささやかなことが、心に残る。それが世界を漂う楽しみであり、哀しみでもある。

日本人とこんな話をするのは、二人にとってたぶん初めてのことだと思うのだが、助手席からFさんは会話をとぎらせようとしない。重い家族の話をしたあとは、

「『日本の春』っていうフルーツがあるんですよ。オレンジ色で、丸くて、スプーンですくって食べるんです」

と、日本に関するトピックを一生懸命ひねり出すかのようにして教えてくれた。フルーツの名前はヤポンなんとか、と私には聞こえた。ボスニア語では「J」をヤ、イ、エのように発音するので、ジャパンがヤパンやヤポンとなることはこの旅で学んでいた。でも、それがどんな

果物のことなのか、私はどうもイメージがつかめなかった。

「一〇月の終わり頃になると売られるようになるんです」

日本の春という名の果物が一〇月終わりに出てくる？　ますますわからなくなったが、その正体が気になってあとから調べてみると、Fさんの話がどうにか見えてきた。

「日本の春」というのはどうやらFさんの勘違いで、正しくは「日本のリンゴ」と呼ばれる果物が、マイナーながらもこの国にあるらしかった。しかし、ややこしいことに、現地語で「日本のリンゴ」と実際に呼ばれているのだが、その名前も勘違いによる命名らしく、果物の正体は柿だった。

なるほど、オレンジ色の丸いフルーツだ。スプーンですくって食べるというのは、自分がパリに住んでいた頃のことを思い浮かべると想像がついた。パリの八百屋さんでは、秋になると熟した種なしの柿が「カキ」というそのままの名で売られていることがあったが、それは、日本人からすると熟れ過ぎで、優しくつかんで持ち上げないと、ぐじゅっと中身がつぶれて出てきてしまいそうな超熟の柿なのだ。

私はそれでも日本風に、どうにかナイフで皮をむいて食べた思い出があるが、ここの人たちは皮をむかずに半分に切って、スプーンですくって食べるらしい。確かに、そのほうが食べやすそうだ。

この国でも、パリにあったあの柔らかい柿が売られているのか……。旧ユーゴ諸国というとフランスなどとはだいぶ違う世界のようにイメージしがちだが、やはりこの国はヨーロッパの一国で、南部のヘルツェゴビナ地方は気候もフランスの一部と同じ、地中海性気候なのだということに改めて気づかされる。

オーナー夫妻には娘が一人生まれて、三人家族。実は、宿の名前は、その一人娘の名前なのだそうだ。社交的な妻に、ちょっとシャイな夫という若いカップルは、前向きで、元気で、一生懸命で、私は二人にとても好感を持った。二人の始めた宿泊業が順調にいくようにと心からの応援の言葉を贈って、私はモスタルからサラエヴォへと帰路についた。

四章
「聖地メジュゴリエ」論争

教会敷地内
"出現"当時の「見た者」たちの展示物

★

聖母マリアと民族紛争。平和を求める幻想的なお告げと「民族浄化」の野望をかけた殺戮《さつりく》のリアルが入り交じる世界——

この圧倒的な対極の並存に、ヴァティカンをトップとするカトリック界はどのように対応してきたのだろうか。ヴァティカンはボスニア・ヘルツェゴヴィナの独立を最初に承認した国の一つで、その内戦中は、一貫して多民族国家として統一されたボスニア・ヘルツェゴヴィナを支持してきた。カトリックのクロアチア系勢力がムスリム系勢力との戦いを激化させた際には、ヴァティカンはクロアチア系勢力の過激主義と暴力を非難した。

ボスニア・ヘルツェゴヴィナのカトリック司牧者の中にはクロアチア系寄りの者もいたというが、当時のサラエヴォのプルジッチ大司教は、自らの危険を顧みずに、異民族間の和解を訴えて紛争地を駆け回った。憎しみと悲しみに満ちた人々の間を取り持つために一心に動く大司教の姿勢は、宗教の違いを超えて国内外から多くの支持を得た。

また同時期に、クロアチアのクハリッチ枢機卿は、平和と和解を訴えて、国内からの愛国的な反発を受けながらも、トゥジマン大統領がボスニア・ヘルツェゴヴィナのクロアチア系武装勢力によるムスリム系住民の「浄化」を支援するのを強く非難したと伝えられている。

内戦中に大きな役割を果たしたこの二人は、同地のトップとしてメジュゴリエの聖母マリア出現に関する調査にも参加している。

クハリッチ枢機卿は、ボスニア・ヘルツェゴヴィナ内戦勃発の前にメジュゴリエの事象の調査に関与し、メジュゴリエは聖なる地だとしながらも、現地教区の調査結果を引用し、「メジュゴリエで超自然的な啓示があったと結論づけることはできなかった」とした。プルジッチ大司教は、その後、枢機卿となったが、この調査の結論を支持する一方で、「人々が集まって祈るところには神の祝福がある」とし、さらに慎重に検証を重ねる必要性を強調した。

二人の枢機卿の取った立場は、大クロアチア勢力圏を広げる野望のためにメジュゴリエの現象を利用しようとするクロアチア系民族主義者の主張と、メジュゴリエの聖母マリア出現はクロアチア系勢力による政治目的のでっちあげだとする反クロアチアの対抗勢力の主張、そのどちらとも一線を画すものだった。

いろいろな資料から浮かび上がってきたカトリック指導者たちのこうした動向は、モスタルやメジュゴリエでは得られなかった私の問いに対するいくつかの答えを、客観的な事実として与えてくれた。

メジュゴリエをめぐる問題点

それにしても、メジュゴリエの聖母マリアの出現に関する検証は極めて困難だ。なにしろ、民族的、宗教的に多様なユーゴスラヴィア連邦の一国に起こったということだけでも非常にユニークなのだが、それに加えて、ユーゴスラヴィアの英雄ティトー大統領の死から一年後という、社会主義連邦に民族主義が再燃していく時代に起こったことから、論争はときに政治化されてきた。

ローマ教皇庁がカトリックの信仰と教義の観点から純粋に検証しようとしても、こうした地政学的な事情からもろもろの思惑や外的要因が絡み合って、現象の解釈を複雑化させてしまう。それが、教皇庁の検証を長引かせている一因なのだろう。

ここからは論争の的となっている主な問題点について少しだけ掘り下げてみたい。本書の主要テーマを形作るボスニア・ヘルツェゴヴィナの民族紛争からは離れてしまうかもしれないが、論争の主要な争点を理解することは、聖母出現をめぐる大騒動の本質を見極めるのには欠かせないものだ。

▽「なぜこれらの若者が？」という疑問

二章で紹介したように、「見た者」たちグループの六人は、これといって特別視されるような点はないごくごく普通の若者たちだった。カトリック神学の教養を持っているわけではなく、信仰はカトリックの家庭に生まれ育った者が自然と身につける単純なものだった。聖母マリアに特別な敬慕の念を持ち、聖母に日々、熱心に祈りをささげているという者もいなかった。むしろ、「聖母出現を経験する前、聖母マリアに会いたいと望んだことは特になかった」と、「見た者」たちは口をそろえるようにして大人たちからの質問に答えている。

大人たちからさらにあれこれと質問された時には、「自分たちは特に『良い子』だとは思っていない」という答えが返ってきたし、「自分たちがほかの子どもたちより優れている特別な子どもだから聖母マリアが姿を見せられた」というような自慢話をしたこともなかった。

ではなぜ、これらの普通すぎるような若者たちに聖母マリアがその姿を現されたというのだろうか。

そんな疑問が浮かんでくるが、聖母出現騒動の中に立たされたこれらの若者たちの性格的な特色をあげるとすれば、素朴さ、純朴さ、謙虚さ。そんな言葉が浮かんでくる。当時の若者たちの写真を見てもそうした印象は強まる。

六人は一〇歳から十七歳と、多少の年齢の開きはあるものの、「見た者」たちのグループとしていっしょに扱われるようになってからも互いに仲は良く、グループ内でケンカをするようなことはなかった。若者同士のグループで起こりがちな主導権争いをするようなことも、仲間割れするようなこともなかった。年上の者が年下の者をいじめることもなく、むしろ最年少で体つきも小さいヤコヴを皆で守った。世間からの批判や好奇の目にさらされる中、グループのメンバーは互いに支え合い、信頼し合って成長し、仲間同士の絆で結ばれて、聖母マリアのメッセージを伝え続けて現在に至っているようだ。

自分たちのうち、だれが一番偉いかと議論し出したイエスの弟子たちとは大違いなのだ。良いイメージの若者像を描き重ねることができる者たちだからこそ、聖母マリアに好かれ、選ばれた。なんの確証もないのだが、そんなふうに考える人たちは多い。

そして、これは全員に共通することではないのだが、注目されるのは、最初に聖母の出現を受けたとされるイヴァンカとミリアナが、聖母出現当時、両親といっしょに生活していなかったという点だ。聖母マリアを最初に見たというイヴァンカは、現象が起こる少し前に母を病気で亡くしていた。父は当時の西ドイツで働いていたため、母の死後は、それまで暮らしていたモスタルからメジュゴリエの祖母の家に移り住んでいた。イヴァンカとともに最初の出現に居合わせたミリアナは、サラエヴォで働く両親の元で生活していたのだが、夏休みでメジュゴリエの祖母の家に滞在していた。

この二人には、聖母が現れたという信じがたい話によって引き起こされかねないトラブルから子どもたちを守ろうとする絶対的な保護者はいなかった。「もう、あの丘に行ってはダメ」と、子どもたちの行動を厳しく束縛したり、命令したりする親とは離れて暮らしていた。若者たちの中には、家族から「そんなことはありえない」「バカな話をするのはやめなさい」と注意を受けた者はいたが、二人の祖母は心配したものの、孫が外に出かけるのを禁止することまではできなかったようで、二人はそれ以後も聖母マリアの姿を求めて出現の丘に行くことができた。

そうしてみると、両親の不在という不安定要素が二人に自由を与えたことは間違いないだろう。二人は自由を満喫しすぎたのか、聖母マリアに最初に出会ったという日、散策中に遊び心でタバコを吸ったとされ、本人たちも、当時、周囲の関係者たちから問いただされた際に悪気なく認めている。それをもって、聖母マリアが隠れてタバコを吸うような素行の悪い若者を選ばれるわけがないと疑問視し、批判する声もあるのだが、それはちょっと違うように思える。というのも、その村では多くの農家はタバコの葉の生産で家計を立てており、周りには手を伸ばせば摘むことができるタバコの葉畑が広がっていた環境だったのだから、仲良しのティーネイジャーの好奇心から背伸びをして身近にあるタバコを吸ってみたという程度の他愛もない話なのだろう。それを、二人が不良だとか、害のある若者だとか、そんなふうに言うのは、どこかピントが外れているように聞こえるのだ。

むしろ、その二人の振る舞いからわかるのは、二人は両親の監視の目を気にする必要もなく、若者らしく伸び伸びと行動できたということだ。聖母マリア出現の際も、その翌日以降も、身近な大人の干渉に邪魔されずに、自分たちの自由意志によって聖母の姿を思いのままに追い求め続けることができたわけで、これこそが重要なポイントなのではないだろうか。

さらに二人に関しては、これは別の観点になるのだが、どちらとも、メジュゴリエの住民ではなかったということに、私はなんとなく興味を持った。

イヴァンカはメジュゴリエの小教区にあるビヤコヴィッチ村の出身だったがモスタルに住み、ミリアナは首都サラエヴォに生まれ育ち、二人とも地縁のあるビヤコヴィッチ村に一時的に帰ってきていた。仮に「見た者」たち全員がこの村の住民であったとしたら、出現する聖母マリアを見たというその出来事はかなり地域限定的な話になってしまうが、ボスニア地域の首都サラエヴォやヘルツェゴヴィナ地域の主要都市モスタルに住んでいた二人が最初に聖母マリアに出会ったということで、出来事の背景に国土的な広がりを感じ取ることができる。

そして、私のような問題意識を持つ者には、最初に聖母が姿を現されたというのがモスタルのカトリック信者、イヴァンカだったことには意味があるようにも思えてしまう。

先述したように、イヴァンカは、数日間続いた最初の出現の際、聖母マリアに「亡くなった自分の母はどこにいるのでしょうか」とたずねたところ、聖母はほほ笑んで「私とともにいて安らかにしていています」と答えられたので、大きな慰めを得たとも証言している。

また、最年少で当時一〇歳だったヤコヴも、シングルペアレントという家庭環境についてはイヴァンカと同様だった。父は家庭を顧みずに遠方で離れて暮らし、ヤコヴは母とともにメジュゴリエで生活していた。しかし、ヤコヴの場合は事情がさらに悪化した。その母はヤコヴが十二歳の時に亡くなり、ヤコヴは親類に引き取られた。不在だった父も数年後に死亡。一人っ子で兄弟姉妹もいない。そんな孤独なヤコヴにとって、出現される聖母マリアは母同様の存在となり、ヤコヴの証言するところによると、自分が十七歳に成長するまで、日々、聖母から大きな慰めと保護を与えられたという。

聖母マリアがこれらの若き者を呼び寄せられたのは、守ってくれるはずの保護者を喪失した悲しみや寂しさを秘める者への愛も関係しているのかもしれない。

このように、家族的なバックグラウンドを含めて総合的にみると、なんらかの企みや悪意をもって聖母マリアを見たと騒ぎ立てるような者たちには思えないし、無責任に悪戯《いたずら》心で騒動を起こすような子どもたちでもないようだ。そういう印象、つまり、悪い印象ではなく良い印象を持つ人が多いからこそ、六人の話は否定されるよりは受け入れられて、聖母マリアの出現が信じられ、広がっていったといえるのだろうか。実際に、聖母出現騒動が起こってから何人もの聖職者や神学者などが六人と直接会って話を聞いているが、その多くによって結論的に述べられたところでは、若者たちの霊性に汚れたところはなく、むしろ、目も心も澄んでいるのが印象的であるといった、おおむね好意的な意見だった。

「見た者」たちの話を信じるということは、この者たちが伝える聖母マリアのメッセージを信じるということにほかならない。だから、そうなることを見通された聖母マリアが自分のメッセージの伝え手にこれらの若者たちを選んだ、と、そんなふうな考え方をする人もいるかもしれない。

聖母マリアには信用に足りるメッセンジャーが必要だった。従順なカトリック信者であり、自分を信じ、自分のメッセージをそのまま忠実に受け取り、勇気を持って世界に伝えることのできる使者たちが必要だった。そして、そのミッションのために選んだのが、心に汚れのないこれらの小さき者たちだった、ということになるのだろうか。

神は完全な者を選ばれるわけではない。小さな者に偉大な使命を課すのは神の思し召し。神はいつも不思議な業で与えられる——

キリスト教の神を信じる者たちはよくそんなふうに言うのだが……。

▽メッセージの信憑性《しんぴょうせい》

しかしながら、これらの「見た者」たちの話が即座に信じられたわけではない。すでに触れたように、これらの若者たちはユーゴスラヴィア政府の国粋主義的な役人や警察から執拗な取り調べを受け、医師から心身の健康状態について専門的な検査もされた。

それだけでなく、身近にいるカトリック司祭たちも、聖母が出現されたという話が伝えられた直後はまともに相手にしなかったし、懐疑的でもあった。それは聖ヤコブ教会の主任司祭と助任司祭に代表され、責任ある立場の信仰指導者として「見た者」たちをいさめたり、諭したりもしたが、彼らが信じる者へと変わっていくのにそれほど時間はかからなかった。そして、信じたために、主任司祭は反政府的な扇動を行ったとして投獄され、一年以上も刑務所で過ごしたあとで釈放されたが、メジュゴリエに戻ることはゆるされなかった。代わりに主任司祭となった助任司祭もまもなく転任させられてメジュゴリエを離れた。その後にメジュゴリエで司牧したフランシスコ会司祭たちは、「見た者」たちの庇護者となって聖母出現を確固として信じ、布教活動を続けた。

しかし、一方で強力な対抗勢力となったのが、モスタル教区の司教だった。その背景については後述するが、当時のモスタル司教は出現があったとされてまもなくメジュゴリエを数回訪れて、「子どもたちはうそをついていない」と前向きな発言をしていた。ところが、時間とともに司教の好意的な態度は影を潜め、逆に反対の立場を取るようになる。「見た者」たちの証言には偽りがあるとまで、強く批判するようにもなった。

メジュゴリエウォッチャーからは、「『見た者』たちの伝える聖母のメッセージの内容は、周りの神父らによって誘導されているのではないか」という疑問も出るようになった。これは、「『(責められている) 神父たちに罪はない。悪いのは司教だ』と聖母マリアがおっしゃっている」というような、モスタルの司教を攻撃し、フランシスコ会司祭たちを擁護するようなメッセージを聖母マリアが発していると申し立てる者が出てきたことが一因となっている。メジュゴリエの聖母マリアの出現を認めず、自分たちに近い司祭たちを排斥するような言動を続けるモスタル司教に対して、「見た者」たち自身にも不満があったのかもしれないが、現地フランシスコ会の司祭たちがそうした若者たちの心理をたくみに操り、そのように言わせているのではないか。そんな疑問がささやかれた。

また、若さゆえの未熟さからリアリティとファンタジィを区別できない状態でメッセージを発している者がいる、という指摘をする研究者も出てきた。出現当初は、六人全員が集まって聖母マリアの語らいをいっしょに聞いたのだが、じきに個別に聖母マリアの出現を受けるようにもなる。出現の場所も、騒動が広がってしまった丘ではなく、教会の小部屋だったり、だれかの家の中だったりと、屋内が多くなった。そうしたことで六人それぞれから聖母のメッセージが発せられるようになったのだが、そのメッセージの中で、おおよそ聖母マリアが使われるとは思えないような断罪の言葉が軽々しく用いられたり、怪奇的ともいえる描写がされたり、ということが起こるようになった。

聖母のメッセージとして伝えられることの中に「見た者」たちの俗界の記憶に基づく幻想が混ざっているのではないか。メッセージの真正性に対するそうした疑問も投げかけられるようになった。

信憑性への疑問は、出現当時以降、比較的早い年代に伝えられたメッセージに対してだけではない。未成年だった「見た者」たちが成長して、子どもらしい思い違いなどをしないはずの年齢になってからも、ときにその疑問はぶり返されてきた。

近年の例としてあげられるのは、二〇二〇年のミリアナの申し立てについて。この年、パンデミックとなった新型コロナウイルスの感染拡大はボスニア・ヘルツェゴヴィナにも及び、同国政府は各種の対応策を取り始めた。メジュゴリエでも、宿泊施設やレストランなどの閉鎖や集会の禁止という対策が取られて影響が出た。ところが、その対策が発表されたのと同じ日に、ミリアナはあるメッセージを聖母から受け取ったという。

聖母マリアは、「毎月二日の出現を終わりにする」と、ミリアナに告げたというのだ。

先に記したように、ミリアナによると、彼女は一九八七年八月以降、毎月二日に聖母マリアからコンタクトを受けてきた。それは丘のふもとのブルークロスの場所で起こるとされ、公開されるその様子を見ようと、毎月、何百人もの人たちがその場に集まるという。しかし、そのように大勢の人が集まればそれは集会としてみなされ、新型コロナウイルス感染対策に違反することになる可能性が出てきた。その状況で禁止された集会を開けば、違法行為として取り締まりを受けるかもしれない。だから、聖母マリアはミリアナと集まってくる人たちを守るために出現を終わらせたのだ。信じる者たちの間では、そんな解釈が広がったというのだ。

だが、聖母マリアの出現がそんなに都合良く、新型コロナウイルス感染対策の発表に合わせるかのようにストップするものだろうか。聖母が新型コロナウイルス問題に対応して三〇年以上も続けていた出現をやめてしまったとも受け取れ、いささか現実的すぎる感がある。その話にはどこか操作されたような印象を受けてしまうし、そんなふうに聖母が都合よく現れたり消えたりするというのであれば、背後にあるのは神の意向ではなく人間の思惑ではないのか、という批判が出ても仕方がないだろう。聖母出現という現象が持つ神秘と乖離《かいり》するようで腑《ふ》に落ちない。

ミリアナのこの話がうそだとは言えない。想像力のたまものだったかもしれないし、そうでないかもしれない。聖母マリアからメッセージを受け取ったと、彼女がそう信じたというだけのことなのだ。彼女にとっては真実なのだ。

しかし、すでにこれはミリアナだけの問題ではなくなっている。その証言を信じてメジュゴリエに集まってきた者、いっしょに祈りをささげた数え切れないほどの者たちを何十年にもわたって巻き込んでいるのだから、聖母マリアが姿を現したということと同様に、姿を現すのをやめたというミリアナの証言も、メジュゴリエの聖母出現の真偽を見極める調査の対象にされるべきだろう。

そしてこうした責任論的な批判は、ミリアナに限ったことだけでなく、「見た者」たちグループ全員に当てはまる。

仮に聖母のメッセンジャーの想像力によって作り上げられたメッセージだからといって、無価値だとは決めつけられない。それどころか、どんなメッセージでも、信じる者にとってはその人生を左右するほどの大きな影響力を持つ。それは信仰というギャンブルにとっては、とても恐ろしいことだ。なんの科学的根拠も証明もないものを信じるのが信仰であり、そんな不確実性に全エネルギーをそそぐような生き方は、一歩間違えば、ときに無謀とも思われる危険な行為となり、破壊性をともなうこともある。世界のあちらこちらで出現された聖母マリアのメッセージは終末論や黙示録的な予言に結びつけられることが多く、メジュゴリエ発のメッセージもその例に漏れない。だから、なおさらのことだ。

神のみならず悪魔の存在にも精通したヴァティカンがメジュゴリエについての検証に時間を

かけるのも、安易に公認を出さないのも、メジュゴリエの聖母の熱狂的な信奉者たちの期待を裏切ろうとも、それは間違ったことではなく、むしろ正しいことなのだろう。

▽「見た者」たちのその後への批判

もう一つ、メジュゴリエの聖母出現の真偽に関する判断を困難にしているのが、「見た者」たちのその後だ。

ルルドの証言者となった少女ベルナデッタは、世俗を離れて修道会に入り、ひっそりと祈りの日々を送って三五歳で短い生涯を閉じた。

ファティマの三人の証言者のうち、二人の兄妹は証言の翌年に大流行したスペイン風邪にかかり、まもなく幼い命を落とした。一人生き残ったルシアは修道会に入ってシスターとなり、修道院の中で聖母マリアから与えられたという秘密を守り抜いた。

それに対してメジュゴリエの証言者たちは、皆、俗界にいて、カトリックの表舞台に立ち、聖母マリアのメッセンジャーという選ばれた者としてもてはやされる状況が長く続いている。前例との時代の違いを考慮したとしても、世界各地に招かれては聴衆の前で聖職者のごとく説教を行ったり、信者たちの前で聖母マリアの出現を受ける姿を披露したりするメジュゴリエの当事者たちが、果たして世俗の悪と一切無縁の信仰生活を送っていると言えるのか。それが当事者たちの意思によるものでなく、周囲がさせていることだとしても、そうした疑問符は、メジュゴリエの場合、常につきまとっている。

証言者が、金銭や物質的利益ではなくても、社会的ステイタスや名誉といったものを代償として手に入れるようになるなら、それは聖母出現の真偽の検証プロセスでは否定的要素と見なされる。

ただし、これらの「見た者」たちのためにつけ加えると、それぞれがセレブリティのような特別扱いを受けているものの、六人中、配偶者の事情からメジュゴリエ以外にも居住地があるマリヤとイヴァンを除き、四人は今もメジュゴリエ、あるいはその近郊の村で暮らしているし、その生活はつつましいという。ある者が高級車を乗り回し、出現の丘の近くの豪邸に暮らしているというスキャンダル調の記事が出たこともあったが、巡礼地メジュゴリエの村に欧米のセレブが住むようなゴージャスな大豪邸や高級車はあまりに不釣り合いであることは、この地を訪れたことのある人ならわかることだから、なにかしら誇張があるのではないだろうか。一番グレードの高いホテルでも、冷房付きだとかテレビが部屋にあるとかが売りで、簡素な巡礼宿の並ぶメジュゴリエと欧米のスタンダードでいうぜいたくな暮らしとは相いれないと思ったほうがよい。

修道者になるかどうかについては、証言者はだれもが修道者にならなければならないという決まりはもとよりない。そしてメジュゴリエの場合、出現現象の初期に、聖母マリアは若者たちが修道院に入って司祭かシスターになることを望むが、それは本人が望んだ場合のことで、若者たちが自分自身で決めればよいという助言をされたと、「見た者」たちは証言している。本人の自発的意思と確信がなければ修道者の道は進めないという召命の本質を聖母マリアが伝えられたという解釈もできるが、「見た者」たちのうち四人は、当初、修道会に入りたいという将来の希望を語っていた。そう願わなかったのは最初の出現を受けたとされるイヴァンカとミリアナだったというから、この二人が出来事の始めから享受していた自由意志というものを再び思い起こさせるところでもある。

しかしながら、修道生活の夢を持っていた四人についてもどうやらそのようにはならなかったようだ。特にイヴァンは司祭になることを志し、実際に一時期、神学校へ進学したものの、うまくいかなかったことが伝えられている。

もちろん、司祭やシスターではないけれども非常に敬虔で高徳の一般信者はいるし、聖母出現を経験してからは、「見た者」たちのだれもがそれまでよりよく祈り、ミサにあずかり、告解もするようになったと述べている。年齢が上がるとともにその信仰生活は深まりをみせたようだ。与えられた聖母マリアのメッセージに解釈をつけて信奉者に宣べ伝えることができるようになるには、それなりの霊的な鍛錬の努力が必要でもあったに違いない。

そして、一変した人生の中で世間の目にさらされるプレッシャーに嫌気がさして「もうイヤだ」「もうやめる」と聖母のメッセンジャーの役割を投げ出してしまってもおかしくなかったのに、だれ一人、四〇年以上も役割を放棄することなく現在に至っているのは、聖母マリアへの変わらぬ忠心があってこそだろうし、そうした役目を担いながら、皆が幸せな家庭を築いて子宝に恵まれているのも間違いなくすばらしい恩寵に違いない。

ただ、ルルドの証言者ベルナデッタが黙想生活ののちに聖人にまであげられたのに比べると、メジュゴリエの証言者たちの歩んでいる道はどこか大衆的というか、その振る舞いには人前での聖母との対話といったショー的な要素が多く、違いは大きい。

教区司教 vs フランシスコ会

さらに、メジュゴリエ論争の要因には、こうした「見た者」たちにまつわること以外にも指摘されていることがある。教区の司教と地元のフランシスコ会との対立だ。メジュゴリエを管轄するモスタル教区の司教はメジュゴリエでの聖母マリア出現を否定し続け、メジュゴリエのフランシスコ会とその聖ヤコブ教会は、聖母出現を信じ、守り続けている。カトリック聖職者同士の関係にも、モスタルとメジュゴリエの間には不一致と軋轢《あつれき》があるのだ。

歴史をひもとけば、この国のカトリックの司牧は長らくフランシスコ会が担ってきた。ボゴミルというキリスト教の異端がブルガリアからバルカン半島へと浸透した十三世紀に、ボスニア・ヘルツェゴヴィナにも広がったその勢いを止めようとした当時のローマ教皇が、まずはドミニコ会の宣教者たちを、続いてフランシスコ会の宣教者たちを送り込んだとされている。

ところがまもなくオスマン帝国との戦いが始まり、十五世紀後半から約四〇〇年の間、この国はオスマン帝国の支配下に置かれることとなった。それでも、その苦しい迫害の時代に、フランシスコ会だけはこの国を去ることなく宣教地にとどまり続けた。そして一八七八年にハプスブルグ帝国に統治権が移ると、その三年後、教皇レオ十三世はボスニア・ヘルツェゴヴィナに教区を設置して司教を配置することを決定する。教皇の下に直結した権威によってカトリック界を治め、正常化を図るということだが、これによって、フランシスコ会はそれまで死守してきた同国での独占的な立場を失うことになった。

四〇〇年にわたる命がけの宣教活動の主導権を奪われた形となったフランシスコ会が猛反発したことは想像に難くない。そしてこれが現代にも続くモスタル教区司教とフランシスコ会の不和の始まりとなった。

モスタルにも教区が設置されたが、当初はフランシスコ会司祭が司教に任命されたので、教区とフランシスコ会は共働することができた。対立が問題化したのはそのあと、教区司祭が司教に任命されるようになった頃からのことだ。モスタルのフランシスコ会は自分たちの宣教地を教区に明け渡すように求められ、それを断固、拒否した。長きにわたってイスラムのオスマン帝国統治を耐え忍んでカトリックの信仰を守り続けてきたフランシスコ会宣教者たちの反発は大いに理解できるところだが、カトリックの世界では、神の代理人である教皇への従順は教会法で定められた絶対的な掟だ。どんなに矛盾を覚えようと、感情的に受け入れがたい事情があろうとも、長上の命令に従う従順はカトリックの誓願を立てた者には絶対のルールであり、求められる徳でもある。

それにもかかわらず、地元フランシスコ会の抵抗は強く、フランシスコ会司祭たちに深いつながりを感じていた同地の信者たちもフランシスコ会に加勢して、教区への対抗意識は激しさを増していくことになった。メジュゴリエも管轄するモスタルの教区における対立は、モスタルを離れて本家本元の教皇庁とローマのフランシスコ会を巻き込む大問題となった。

そうした不協和音の中、新たに着任したモスタル教区司教が、地元フランシスコ会の小教区の大部分を教区に譲渡するよう命ずると、これまでどおり地元信者に寄り添うことを望んだフランシスコ会司祭二人が公に強く反発。すると教区司教はこれらの司祭の不従順に対して聖職停止という重い罰を科すという強硬策に出た。

この一件が起こったのは、メジュゴリエで聖母マリア出現現象が起こる前のことだったが、そののちに出現された聖母マリアが「神父たちに罪はない。悪いのは司教だ」と言われた、と「見た者」が証言したのはこれら二人の司祭を指してのことで、フランシスコ会司祭らの誘導があったのではないかと、メッセージの信憑性について注目を集めるエピソードとなった。

フランシスコ会が司牧するメジュゴリエでの聖母マリア出現を超自然現象としてモスタルの司教が認めないのも、こうした両者の歴史的な確執が背景にあり、事態を硬直化させる原因になっている。

対立がエスカレートして、一九九五年には、聖母出現を否定するモスタル教区司教が武装集団に誘拐され、フランシスコ会の教会近くに長時間幽閉されるという事件が起きたという。司教は当地で活動していた国連保護軍の力を借りて無事解放されたそうだが、聖母マリアによる平和の希求などはそっちのけにした、こんなナンセンスで暴力的な事件につながるほどの激しい敵対心と不調和が、メジュゴリエをめぐって生まれていたのなら、部外者としては当惑するばかりの話だ。

聖母マリアが教会の分裂のもとになっているとは、なんとも嘆かわしい。当の聖母マリアは、こうしたメジュゴリエの混沌を、どんな想いで見つめられていたのだろう。

公認に至るまで

さまざまな問題と切り離せないメジュゴリエの聖母出現現象だが、果たして公認に至ることはできるのだろうか。

聖母マリアの出現は世界のここかしこで古くから伝えられてきており、個人的な体験としての現象を含めれば星の数ほどあって、到底数え切れない。その中で、聖母マリアの出現が超自然現象として正式に公認されるにはいくつもの基準やステップがあり、報告された聖母出現の現象の真偽は、長い年月をかけて多角的に調査される。まず、証言者について、

・証言は正直に述べられているか
・純粋な信仰に基づいて述べられているか

というような肯定的な要素からの検証が行われる。同時に、

・教義に反するゆがんだ信仰の持ち主ではないか
・聖母マリアやその他の教義について間違った理解をしていないか
・証言者に教会に背く意図はないか

・不道徳な行為をしていないか
・証言することになにかの利害がからんでいないか
というような否定的な要素からの検証もされる。

また、聖母マリアの姿を見る際の証言者の状態についても、ヒステリーなどの正常でない興奮状態に陥っていないか、出現現象はそうした異常な感覚によって起こる幻想ではないか、といった医学的な観察や診断も行われる。

さらに、証言者の伝えるメッセージの内容について、カトリックの教えに反するところがないか、詳しい検証が行われる。

神学者やさまざまな分野の専門家によるこうした詳細な検証を経て、肯定的な結果を得られた場合、あるいは否定的な要素が認められなかった場合、出現の場所での祈りやミサをあげるなど、なんらかの信仰上の行為が許可されるようになる。しかし、これは、正式な公認がされたということではない。そうした宗教行事を禁止しないのは、それらを奨励しているということを意味しない。

次の段階としてカトリック教会に聖母マリアの出現が公認されるためには、出現が起こったとされる地を所管する教区司教が「信じるに値する」と認めることが必要だ。教区司教が超自然現象を承認すれば、それによって公認となる。その権限は教区司教に委ねられ、必ずしもローマ教皇庁が承認する必要はない。特別に教皇庁も公認を出す場合もあるが、教区司教の公認のみだからといって聖母の出現の価値が下がるわけでも、重要性が低いということでもない。

とはいっても、これまでに触れたルルド、ファティマ、グアダルーペの聖母出現はいずれも教皇庁による公認もされている。ヴァティカンのお墨付きがある出現の地のほうが巡礼者を多く集めるのは、否めないところだ。

繰り返される調査の行方

公認に至るにはこのようなプロセスを経るのだが、では、メジュゴリエの場合はどのような経緯があるのだろうか。

前述のとおり、「見た者」たちには出現騒動直後から数年間にわたって医学的な検査が行われた結果、主だった異常は発見されなかった。検査は当初、ユーゴスラヴィア政府によって命じられたが、それにはムスリムの精神科医による診察も含まれていた。さらに教区から依頼されたフランス人やイタリア人などの医師団による検査も多数行われ、若者たちは平常時のみならず、聖母と対面しているという際の脳波の検査や脈拍数や心拍数、血管や呼吸の状態まで検査された。

そうした検査によっては明らかに病的な異常は認められなかったことから、どの若者も心身ともに健全であるという結果が導き出されることになった。中には、医学的な検査では聖母マリア出現の真実性について結論を下すことはできないと態度を保留した専門家もいた。どんなに優れた医者であっても患者の宗教的な体験は検査結果で正確に診断することなどできない領域であるから、おのずから限界はあった。

よって、検証はカトリックの神学や本質的な信仰の見地からのものとなり、その権威の手に委ねられることになった。

モスタル教区司教は調査委員会を設置し、聖母出現現象について調査を開始するとともに、メジュゴリエへの巡礼を禁止する命令を出した。調査は続行されたが、メジュゴリエでの聖母マリア出現に疑念を抱き、巡礼を禁止し続けたモスタル教区司教の下での調査では、出現現象を肯定すること自体、そもそも期待薄だった。同時に、モスタル教区司教による現地フランシスコ会司祭たちへの報復的な行為も続けられていた。モスタル司教の公認がなかなか出ないことへの落胆は、三章で取り上げたスラヴコ神父の著書にも折にふれて書き綴られている。

そこに介入したのがローマ教皇庁教理省だった。

教理省はモスタル教区司教が握っていたメジュゴリエの聖母出現に関する調査の権限を、ユーゴスラヴィア司教団に移した。調査はフランシスコ会との長年の確執から迫害者的な印象さえも与えてしまっていたモスタル教区司教の手を離れ、メンバーを新たにして行われることになった。この章の始めに触れたクハリッチ枢機卿とプルジッチ大司教は、この経緯から調査に参加することになった。

一九九一年、ユーゴスラヴィア司教団は、聖母出現を超自然現象として認めることはできないが、それを否定することもしない旨の発表を行った。教皇庁教理省もその発表に同意を示し、個人的な信仰による私的な巡礼は禁止されないとした。

教皇庁がこのような異例の介入を行ったのには、大きく二つの理由があると思われる。

一つは、公認されないメジュゴリエの聖母マリアのもとに集まってくる巡礼者は絶えるどころか、増える一方という状況が生まれていたことだ。回心のエピソードや病気の治癒例も続々と報告された。モスタル教区司教が巡礼を禁止しようとも、メジュゴリエでの聖母マリア出現のあふれ出る恵みは止めようがない。教皇庁はメジュゴリエ現象を直視し、信じる者たちの霊的な欲求に応えることが求められた。出現の恵みが信仰者に好影響を与え続けることは、公認プロセスを前進させる重要な要素でもあるから、モスタル教区司教のフランシスコ会への敵対心によって公認プロセスにおける検証の客観性が損なわれる危険を排除する必要もあったのだろう。最高権威の責任として、ヴァティカンはもはや静観を続けることができない状況に立たされた、ということなのかもしれない。

もう一つの理由は、教皇ヨハネ・パウロ二世の存在だ。ヨハネ・パウロ二世はポーランド人で、母国では強いマリア信仰を持つ者が多いことで知られているが、そうしたこともあってだろうか、教皇はメジュゴリエの聖母マリア出現について大きな関心を寄せられていたことが伝えられている。その出現を公に認めることはなかったが、クロアチア人カトリック青年団の一員としてヴァティカンで接見を受けたミリアナと個別に会話したり、出現当初のメジュゴリエの主任司祭で投獄された経験を持つフランシスコ会司祭とも、のちに面会している。そうしたメジュゴリエ関係者との対話の中で、ご自身がメジュゴリエに強い愛着を感じていることを述べられたというが（教皇庁はこれを否定している……）、こうしたことからも、ヨハネ・パウロ二世が混乱の渦中にあるメジュゴリエを救われた、とそのようにも言われている。

ちなみに、モスタル教区司教がメジュゴリエに関する調査の権限を失うこととなった決定を発表したのは、当時、教皇庁教理省トップのラッツィンガー枢機卿で、ラッツィンガー枢機卿はその後、ヨハネ・パウロ二世の後を継いで、教皇ベネディクト十六世となった。ユーゴスラヴィア司教団の調査委員会は結果発表後に起こったユーゴスラヴィア連邦崩壊によって事実上消滅したが、その調査結果は教皇庁によって維持されてきた。そうした中、二〇一〇年、ベネディクト十六世は教皇庁独自の委員会を発足させて、さらに調査を行う決定をした。調査委員会はイタリア人枢機卿をトップとし、教皇庁の枢機卿らに加えて、教会法、神学、心理学を専門とするフランシスコ会やイエズス会の司祭などから構成され、ボスニア・ヘルツェゴヴィナとクロアチアの枢機卿や大司教もメンバーとなったが、モスタル教区司教は含まれず、蚊帳の外に置かれる形となった。

一方で、メジュゴリエの物議にあえてつけ加えると、六人の「見た者」たちの霊的指導者の一人だったフランシスコ会司祭が、独自の共同体を創設して異端的な教理を唱え始めるなどの諸問題を起こしたことで、ベネディクト十六世から還俗を命じられるという出来事があった。これは反メジュゴリエ派にとって格好の攻撃材料となり、委員会の調査とは次元の違うレベルでメジュゴリエの聖母マリア出現にかかわる証言の真正性に影を落とすこととなった。この元司祭はその後も使徒職的な活動を続けたことから、二〇二〇年に破門されるに至っている。

教皇フランシスコとメジュゴリエ

教皇庁が組織した調査委員会は、二〇一四年に調査報告書を教理省に提出したが、ベネディクト十六世は前年に退位していたので、メジュゴリエ論争の行方は、新しい教皇フランシスコに委ねられることになった。

教皇フランシスコは二〇一五年にボスニア・ヘルツェゴヴィナを訪問されているが、その際にはメジュゴリエには向かわれなかった。しかし、二〇一七年と二〇一八年には教皇特使をメジュゴリエに派遣し、現地の司牧状況を観察させた。特使が聖ヤコブ教会のミサにあずかり、説教をしたことなどは、教皇庁とメジュゴリエの距離がぐんと縮まった印象を与えた。特使はメジュゴリエについて肯定的な印象を述べ、メジュゴリエへのカトリックの巡礼団を組織してもよいとの発言をした。ただし、メジュゴリエへ巡礼し、聖母マリアに祈りをささげることは認められるが、メジュゴリエに出現されたとされる聖母マリアへ祈ることを許可するものではない、という見解が示された。

教皇自身はこう語られた。


「……メジュゴリエにおける聖母マリアの出現に関して、今日に至るまで毎日、聖母が出現されているという点には疑問がある。しかしながら、現地で起こっている霊的な、あるいは司牧的な事実まで否定するものではない。そこで神に出会って人々が回心していることを……」

聖母マリアの出現という申し立てられた出来事に心を惹かれたカトリック信者が、メジュゴリエを訪れて信仰を深めたり、信仰に立ち戻ったりすることは、間違ったことでも禁止されるべきことでもなく、喜ぶべき霊的体験である。そう示唆する教皇の言葉は、メジュゴリエの恵みについての非公式な承認ともとらえることができるから、ジレンマに陥っていた巡礼予備軍には朗報となった。私的な巡礼はゆるされているとはいえ、公認されていない聖地を訪れて祈りをささげる行為によって、自分はカトリックの規律に反してしまうのではないか……、そんな恐れから、まじめな霊的探求者が過度に心配したり、卑屈になったりすることのないように、慈しみの教皇フランシスコはその者たちの悩める心を救われた。

そして、新たな展開があったのは二〇一九年五月のこと。教皇フランシスコによってメジュゴリエへの巡礼の正式な許可が出されたのだ。これはすなわち、これまで認められていた私的な巡礼だけでなく、カトリックの組織が行う公的な巡礼も認められるということだ。メジュゴリエが信仰の恵み豊かな地であることは間違いなく、その良い実りが広がることを妨げるべきではないという意向に基づいた決定だった。教皇が許可されたことで、教皇直下にある教区や小教区の司祭も信者を率いて大手を振ってメジュゴリエへ巡礼することができるようになった。ただ、その際には、教義的な混同やあいまいさを生まないようによくよく注意することが求められる。発表では、これはメジュゴリエの聖母出現の公認ではない、と念押しするのも忘れなかった。

こうしてみると、メジュゴリエの公認プロセスはとりわけ異例なことがわかる。通常なら真偽の決定を委ねられている教区司教の否定が続けば、その聖母出現現象は公認プロセスからはじかれたのも同然なのだが、メジュゴリエではそれにもかかわらず、さまざまな形で調査が続けられた。権限が最終的に教皇庁に移されたのも特例の扱いだ。そして、ついには公的な巡礼団を組織することが許可された。

ただ、重ねて言うと、ある種の宗教行事を禁止しないのは奨励を意味するわけでなく、ましてや公認を意味するのではない。メジュゴリエの巡礼を教皇庁が許可したことについても同様で、巡礼がゆるされたからといって、メジュゴリエでの聖母マリアの出現が公に認められたわけではない。

それでもカトリック界にとって明らかなのは、メジュゴリエには否定しがたい信仰の恵みのパワーがあるということだ。だから、聖母マリアの出現は認められないままだが、否定を最終決定とすることができない。そんな中途半端な状態が続けられている。

スピリチュアルな影響力の広がりは、メジュゴリエに物質的な変化ももたらした。聖母出現のうわさが広まる前までは、ぶどう畑とタバコの葉畑ばかりのちっぽけな農村だったメジュゴリエは、現在は世界各地から訪れる巡礼者を迎えるためのビジネスで活気にあふれている。宿泊業がメインの産業となり、ファミリー経営のペンションと、比較的規模の大きいホテルが競うように軒を連ねている。新しく建設中の工事現場も見かける。教会の周辺には、カトリックグッズを扱う大小のギフトショップのほかにレストランやカフェもあり、節度を失わない程度ににぎやかな風景が広がっている。

聖ヤコブ教会の敷地で見かける巡礼団の人々

　こうしたビジネスが営まれていることから、メジュゴリエの観光地化が進んだととらえられることもある。信仰者の集う地としての清澄な雰囲気は保たれ、著しく華美に商業化してしまっているわけではないのだが、メジュゴリエがすでに一大巡礼地――多くの者たちはすでに「聖地」と呼んでいる――となっていることは、教皇庁にも批判者にも否めない現実だ。

　教皇フランシスコはそうした状況を慎重に注視されつつ、メジュゴリエがもたらす信仰上の恵みについては理解を示されている。だが同時に、教皇庁が組織した調査委員会の報告書を吟味した上で、最初に起きたとされる聖母出現と、その後、今日まで続いているという出現は分けて考えるべきだろう、とも語られている。そして、ご自身の個人的意見だとしながらもこんな懸念を示された。

「我らの母、聖母マリアは、オフィスの責任者ではないし、毎日、決まった時間になるとメッセージを送るというような方ではない。そんな方はイエスの母ではない。申し立てられているそうしたご出現に、大きな価値は認められないだろう」

教皇フランシスコのそうした懸念は、こむずかしい神学的なことを抜きにして、一般人がごく普通に考えるだけでも理解できるだろう。なにしろ、一九八一年六月から今日に至るまで、連日メッセージ。連日メッセージを送られているというのなら、一年三六五日として一〇年間で三六五〇のメッセージ。連日メッセージを受け取っていると申し立てている者が三人いるから、その三人に絞って三を掛けると一万九五〇ものメッセージが聖母から送られたことになる。二〇二〇年代に入ってきりよく四〇年間では、四万三八〇〇ものメッセージになる。これでは、「寄ってらっしゃい、見てらっしゃい」さながらのメッセージの大安売りになりかねない。

「見た者」たちが受け取ったという数々のメッセージは、現在はインターネットで公表されている。しかし、実際にそうした大量の聖母マリアのメッセージに目を通していると、聖母マリアはこんなふうに同じような話を毎日だらだら、延々とし続けるようなおしゃべり好きの女性と同じなのだろうか、という疑問が自分にも浮かんできてしまう。それはあまりにも世俗的で、聖書の中で寡黙の美徳に生きる聖母マリアとはほど遠い。まったくの別人のようなイメージだ。

教会周辺に並ぶギフトショップ

そしてもし、聖母マリアがこれほどまでにカジュアルに、毎日、この世に姿を現されるのでは、聖母のメッセージや聖母出現による恵みの価値がどんどんと下がってしまいそうだ。毎日の聖母出現が本当に起こっていると申し立てられることによって、その神秘は日常化してもはや神秘ではなくなり、その教義自体の崩壊を招くことにつながってしまうのでは？　と、ここまでは個人的な感想なのだが、聖母のメッセージの数が多すぎるという批判は、これまでにもたびたび指摘されている。

類似のケース

メジュゴリエの聖母出現現象は異質なのか、そうではないのか。その点を探る別のアプローチとして、比較論的にほかの事例を見てみることが助けになるかもしれない。

何千件ともいわれる聖母出現の報告が、世界中から教皇庁に寄せられている。田舎の小さな村の野や丘に限らず、都会での現象や修道院で起きたというケースもある。そんな中でこれまで公認されたのは三〇にも満たず、教皇庁による承認もされているのはその半分ほどだ（二〇二三年現在）。

その中で、メジュゴリエと似たケースが少なくとも二つある。

その一つは、メジュゴリエの聖母マリア出現と同じ一九八一年に、アフリカの国、ルワンダのキベホという村で複数の若者たちによって報告された聖母マリアの出現だ。十一月の最初の出現時、三人の若い女性が聖母からロザリオの祈りを求められたあと、暴力と憎しみの恐ろしいイメージを見たという。その三人の証言による出現のみが現地司教によって公認され、教皇庁も承認した。世間では、一九九四年に起こったルワンダでの集団虐殺を警告したという解釈がされている。虐殺はキベホでも起こり、聖母出現の証言者三人のうち一人が犠牲となった。

出現の年が同じというだけでなく、ルワンダでもボスニア・ヘルツェゴヴィナと同様の凄惨な民族紛争が勃発し、それを予言するかのような聖母出現があったということが類似している。

もう一つの例はアルゼンチンで起きた現象で、こちらは現在も聖母の出現が続くとされているのが共通点だ。それはメジュゴリエで伝えられる聖母出現から二年後の一九八三年九月のこと。ブエノスアイレスのサンニコラスで、平凡な主婦で子や孫もいる中年の女性に、イエスを抱き、ロザリオを手にした聖母マリアが出現されたという。女性は聖母から、平和と祈り、罪の悔い改めなどの数々のメッセージを受け、さらには聖母の言葉どおりに近くの大聖堂で忘れ去られていた聖母マリア像を発見したという。その出現を信じた者の病気の治癒も起こった。公認は比較的新しく、二〇一六年に、最初の出現から一九九〇年までの出現に限って現地司教によって与えられた。聖母マリアは人類が自己破壊の道を歩んでいることへの警告もされているという。

いずれも聖母出現の始まりの時期がメジュゴリエのケースと近く、類似性を持つ現象が公認に至っているのに対し、メジュゴリエはこれらの中ではもっとも多くの巡礼者を集めているにもかかわらず、その公認の道はマリアの丘の道と同様にけわしい。

メジュゴリエについてはさらに、連日の聖母マリアの出現が「見た者」六人全員について終わったら、そのあとには三つの警告が世界に対して発せられると、「見た者」たちは申し立てている。ヴァティカンにとってはこれまたむずかしい話である。

躍動と魅惑

ここで、私の個人的な経験からいくつかつけ足しておきたい。

私は幼稚園から大学までカトリック系の、いわゆるミッションスクールの教育を受けた。初等科から高等科まで一貫教育の校舎の敷地内には「ルルド」と呼ばれる場所があり、そこには白い石像のマリア様がいらした。学校では一日の初めと終わりに祈りがあり、給食の前にも祈り、当時はめずらしく初等科低学年から英語の授業があったので、小さい頃からシスターに教わった英語の祈りを呪文のように唱えて十字を切った。なにかの折には「おメダイ」と呼ばれる聖母がデザインされた小さなペンダントトップのようなものや、ご絵をご褒美や記念としていただいた。聖書を学ぶ時間があり、黙想会もあった。そんな疑似修道院のような環境でずっと育ったことの影響が大きかったようだ。大学生の時に洗礼を受けた。しかし、社会人になると、教会が遠いとか仕事が忙しいとかで教会に行かなくなるという、よくあるパターンをたどり、名ばかりの信者となっていった。

聖地や巡礼地については、特に強い興味があるわけではない。カトリック信者ではないのに聖地巡りが趣味という人もいるが、そういう趣味は持っていない。聖母マリア出現の聖地で訪れたことがあるのは、ルルドとグアダルーペ。それから、パリ七区のバック通りに、修道女カトリーヌ・ラブレ（聖カタリナ・ラブレ）が聖母マリアからおメダイを作ることを求められたとされる有名な教会があるのだが、私は仕事の関係で、その近くのアパルトマンに五年ほど住んでいた。清楚な雰囲気に満ちたこの教会は、私のパリ生活の中での安らぎの場であり、慰めの場でもあった。この教会での聖母出現も公認されている。

そんな限られた経験しかないが、メジュゴリエとそれらを比較すると、メジュゴリエはやはり、特異なのだ。バック通りの教会はパリの街の路地にある小さな教会で、比較するには立地条件からしてだいぶ違いがあるのでさておいて、ルルドはヨーロッパのお年寄りやさまざまな病を患っている方々を中心とした巡礼者層を集める特色があり、グアダルーペはメキシコをはじめ、主にアメリカ大陸、特に中南米の信者が集まる巡礼地となっている。

他方で、メジュゴリエは圧倒的にインターナショナルな巡礼地であることがなによりの特徴だと感じる。世界各国から巡礼者が訪れることはすでに触れたが、年間を通じ、カトリック人口が多いヨーロッパからの巡礼者に負けないくらい、アメリカからの巡礼者が訪れるし、韓国からの巡礼者も先述の事情から一角を占めている。

年齢層も幅広い。高齢の方々は団体が多いが、老夫婦だけで丘をゆっくり登る姿もあれば、小さい子ども連れの家族、単身で来ている若者、多様な世代からなるグループなどなど、巡礼者の形態もヴァラエティに富んでいる。毎年八月のユースフェスティヴァルには各国の旗が振られ、若者を中心に何万という信者たちが集まり、野外のミサ会場はさながらグローバルな祭典のようになる。

こうした豊かな国際色に加えて、なによりも巡礼者が元気で活発だ。同じヨーロッパで人気の巡礼地でも、ルルドは病いの治癒の奇跡を求めて車椅子で訪れる方々の姿を数多く見かけるが、メジュゴリエを訪れるのは、岩だらけのマリアの丘やイエスの十字架の山を自らの足で登るためにやって来る人たちだ。活気の違いはおのずとある。教会で祈り、黙想するだけでなく、こうした野外活動が豊富なこともメジュゴリエの特徴としてあげることができる。

もちろん、それらは信仰に基づく行為なのだけれど、山登りのようなアウトドアのエクササイズで感じるのと似たような達成感を得られることが、メジュゴリエならではの魅力だろう。そしてそれは身体を動かしたあとの爽快感以上の何かをもたらしてくれる。それは、全身で信仰を強めていくスピリチュアルな探求であり、心身ともに厳しさに耐える苦行でもあるから、真摯に取り組む信仰者や求道者には、教会のベンチに座って祈るのとはまた別の、深い内面的な満足感と至福感をもたらしてくれるはずだ。

野外ミサには老いも若きも多くの人たちが集まる

さらにもう一つ、現在のメジュゴリエの特徴であり、強みともなっているのが、デジタルツールの活用だ。インターネットを積極的に利用して聖母マリアのメッセージやメジュゴリエでの活動を発信していて、聖母マリアから「見た者」たちが受け取ったメッセージは、サイバー空間から現実世界に向けて配信されている。「見た者」の一人、マリヤが毎月二五日に受け取るという聖母マリアから全世界へのメッセージは、いろいろなウェブサイトで定期的に公開され、英語、クロアチア語、スペイン語、イタリア語、フランス語、ドイツ語、ポーランド語、韓国語、中国語などの言語で読むことができる。

動画サービスも利用されていて、ユーチューブでもメジュゴリエの動画が数多く見られる。

私はユースフェスティヴァルの開催中にメジュゴリエに行ったことはないが、ユースといいながら老いも若きもいっしょになって歌って踊る人々の姿を動画で見ているだけでも、会場の熱気が伝わってくる。まるで人気グループのコンサートのようだが、舞台に立っているのは歌に合わせてフリを先導する地元のシスターたちだ。メジュゴリエの青空とぶどう畑に囲まれた自然の美しさと調和した賛美の合唱は喜びにあふれ、その素朴なリズムの響きに合わせて、

「アレルーヤ！」

「ホザーンナ！」

と、こちらまで声を合わせて歌いたくなってくる。

そして、白い祭服の司祭が何百人も集まって野外でささげるミサの動画からは、実に平和でおごそかで、神々しい雰囲気が伝わってくる。ライヴでもないのに、いっしょに十字を切って手を合わせなければ罰が当たるような気さえしてくるくらいだ。

こんな動画のヴァーチャル体験だけでも、カトリック信者でなくても、言葉がわからなくても、ぐんぐん引き寄せられてとりこにさせられるような不思議な魅力とエネルギーに、メジュゴリエはあふれている。と、同時にそれは、酔ってしまうほどの熱狂的な誘《いざな》いで、強力な魔力のようでもあり、与えられる高揚感には一種の危険のようなものが入り混じっているようにも感じさせる……。

二〇二〇年のユースフェスティヴァルには、新型コロナウイルス感染防止対策で規模を縮小しながらも、世界中から何千人もの若者たちが集まった。そして、その前年にメジュゴリエへの巡礼を正式に許可した教皇フランシスコからのメッセージが寄せられた。

地元司祭に導かれて聖母出現の丘で祈る

「メジュゴリエで毎年開かれる若者たちの集会は、祈りとカテキズム（教理の学び）、従順に恵まれた時間です。……（神の御《み》旨《むね》に対する）聖母マリアの『はい』というお言葉、（神の独《ひと》り子《ご》イエスの母となることを告げる）天使への『お言葉どおり、この身に成りますように』という受け入れのお言葉。その力強さは常に私たちの心を打ちます。聖母の『はい』というお答えは、その約束を守るのは自分であると知らされ、それ以外は何も約束されていない、そんな中に身を投じ、危険を受け入れることを意味しています。『私は主のはしためです』というマリアのお言葉は、自由のうちに自分を捨てて神の御手にその身を委ねるとき、何が起こるかを私たちに教えてくれるもっともすばらしいお手本です。このお手本があなたたちを魅了し、導いてくださいますように。マリアはマリアの子どもたちである私たちを見守ってくださる母です。人生の旅路でしばし疲れ、困窮し、希望の光が消えないよう望む私たちを。……私は聖母マリアのおとりなしのうちにあなたたちすべてを委ねます……」

神に従う者の模範として聖母マリアを仰ぎならって、キリストによる救いにあずかる者となるように——これが、教皇からの若者たちへの呼びかけだった。

メジュゴリエでいちばん大切なこと

メジュゴリエの聖母マリアの出現に関する検証が教皇庁にとって困難極まるものだという組織レベルの話のあとには、モスタルから持ち運んできた個人的な模索——カトリックという信仰に対する不安と疑問——に再び立ち戻ることになる。なぜカトリックの信仰を持つ者たちがムスリムの掃討という恐ろしい行為に加担したのか。モスタルで見られたような非人道的な行為とキリスト教はどう結びつくのか。なぜ、自分と同じ信仰を持った人たちが、こうした罪を犯すことができたのか。モスタルで「民族浄化」が試みられている時、その地のカトリック教会は何をしていたのだろうか。

しかしながら、メジュゴリエでそれを問うのは、これもまたはなはだ困難な話だということを、私は現地に足を踏み入れてから思い知った。メジュゴリエはあくまでも聖母マリアの出現の地で、その恵みにあずかることのほかに目的はないのだと。

そう思わせるに至ったのは小さな印象の積み重ねであって、なにか劇的な出来事があったわけではない。その小さな印象のひとかけらはメジュゴリエでの最初の告解を聞いてくれたアメリカ人司祭から与えられたもので、短いながらも記憶に残るやりとりがあった。司祭は告解が終わったあと、メジュゴリエ在住の「見た者」の名前を出して、

「話を聞きに行きましたか?」

と、私にたずねた。私は、そういうことにはあまり興味がないなどと言ってよいのかどうか、一瞬迷って、

「いえ、まだ」

とだけとり急ぎ答えたのだが、すると司祭は、

「ぜひ聞きに行ってみるといいですよ。それはすばらしいから」

と、純粋な熱心さで私に勧めるのだった。

司祭の相変わらぬ明るい笑顔はさらに輝きを放つかのようで、その表情から、司祭が「見た者」たちの証言を完全に信じていることが、私には理解できた。それほどの確信が生まれてい

ない自分は、正直に言って内心ちょっと戸惑ってしまったのだが、あぁ、やはりそうなのか、ここにいる司祭は、「見た者」たちから伝えられる聖母出現に関する証言を疑う気持ちなどこれっぽっちもないのだ、と悟ることも私にさせた。

後日、私はある旧知のアメリカ人司祭に宛てたクリスマスのグリーティングの中で、自分がメジュゴリエを訪れたことをお伝えしたのだが、フランシスコ会とは別の修道会に所属するこの司祭からは、メジュゴリエは特別な地だと思うが、聖母マリアが毎日出現されているという話は信じられない、という感想が返ってきた。同じアメリカ人カトリック司祭でも、このように別のとらえ方がある。

ただ、考えてみれば、メジュゴリエのアメリカ人司祭が示した絶対的な信頼は至極《しごく》当然のことだ。「見た者」たちの証言を信じ切ることができないのであれば、それはメジュゴリエでの聖母マリアの出現そのものを信じ切っていないことに等しい。心のどこかでかすかにでも疑いを持つならば、メジュゴリエの教会に来て司牧者として奉仕できるはずがない。

そして、こうした現地で働く司祭たちの聖母マリア出現に対する強い信仰に接すると、それに導かれて己の信仰を深めるとか、生き方を改めるとか、そういうふうになるのが自然の成り行きであって、私のようにカトリックの信仰について根本的な疑問を自らの内に生じさせている者が、そうしたポジティヴなスピリチュアリティに感化されることもなく根本の疑問に固執するのは、なんとも場違いというか、ふさわしくない行いに思えてくるのだ。心にのしかかる重い疑問を解きたいからといって、私がこうした司祭に過去の紛争のことを執拗に問えば、「よけいなことに心を騒がさず、聖母マリアの出現の恵みにあずかりなさい」とお叱りを受けてしまうかもしれない。

聖母マリアに集中して心を向け、祈り、そのとりなしの恵みを受けよ——

それはもっともな諭しと受け止めることができたとしても、ある意味、過去の悲惨な民族紛争とは正面から向き合いたくない、そんな気持ちの裏返しのようにも受け取れる。とはいっても、実際にそんなお説教をメジュゴリエでだれかからされたわけではないので、あくまで想像なのだが、隣のモスタルで実行されたクロアチア系武装勢力によるムスリムの「民族浄化」という恐ろしい出来事については、メジュゴリエにいる人たちは思い出したくもないし、指摘されたくもない、というのが本当のところではないだろうか。

事実、メジュゴリエは紛争中も悲惨な戦闘行為とは無縁だったし、平和は今も保たれている。モスタルとメジュゴリエをごっちゃにして騒ぐなかれ。寝た子を起こすな、ということだ。そして、これはメジュゴリエで働く聖職者だけでなく、訪れた巡礼者、そして現地で生活する人たちにとって、立場は違っても共通する心理なのではないだろうか。

「アレルヤ！」と熱狂的に歌う各国の信者たちが求めているのは、今、このときの聖母マリアの恵みであって、民族紛争といった暗い過去ではない。メジュゴリエの聖母を心の底から慕い崇め、陶酔している人たちに、カトリックの教えと残虐行為の結びつきについてたずねてみても、その問いの意図すら通じないかもしれない。

そして、そうした巡礼者を受け入れる現地の人たちにとっては、聖母マリアの出現は文字どおり、生命の恵みだ。一大巡礼地となって栄えるメジュゴリエで宿泊業やお土産ショップを営む人たちや、その他、巡礼者が訪れることによって生まれた各種ビジネスのおかげで生計を立ててきた人たちは、聖母マリア出現の信仰なしには生きていけない。経済面での恩恵はもちろんのことだが、そこで生まれ育った人たちは、それに加えて、自分たちの郷土が聖母の選んだ特別な地であるという、強い誇りを持っている。そうした現地の人たちに、私のような外国人が突然現れて、現地の人の自尊心を傷つけるような質問やネガティヴな問いかけをしようとすれば、拒絶か反感が示されるとしても当然のことだろう。

だから、そうした行為は厳に慎まなければならない。と、これは、国際協力や異文化交流の活動では大変強調される原則だ。そうした仕事をしてきた自分にとって、現地の価値観や人々の感情を無神経に疑問視したり、否定したりするような思慮に欠ける言動はしないこと、それは、基本中の基本ルールでもある。その地にはその地特有の考え方があり、そうした考え方をする理由がある。

大切なのは、そうした特有の価値観を育んだ歴史や文化、風習、あるいは環境的な要因などを理解しようと努めることであって、考えが合わない、納得できない、さらには価値観が違うというように思ったとしても、だからといって、それは疑問だとか、間違っているとか、安易に批判するのは控えるべきなのだ。もちろん、迫害や虐待などの著しい人権侵害がそこで行われていたら、それはおかしいと当事者に向かって断固、主張し、その行為をやめさせようと試みるのは重要なことだ。しかし、現在のメジュゴリエで暮らす一般住民たちのほとんどはそうしたことの当事者ではないわけだから、それについて責められなければならない理由もまた、ないのである。

こうした小さな印象の積み重ねによって、メジュゴリエでは過去の民族紛争のこと、特にモスタルでのムスリムとカトリック教徒との戦いについては、タブーとは言わないまでも、それを話題に出さないことは暗黙の了解であると、感じさせられている自分がいた。それが自分の個人的な模索の妨げとなったとしても、司祭や巡礼者、あるいは地元の人たちが過去の紛争についてどう思っているのかということは、見ず知らずの私が問いただすような問題ではないのだろう。

見つからない答えを探して

ただ、メジュゴリエでゆるしの秘跡を受けたあと、私はこんなことも考えずにはいられなかった。それは、ここにいる司祭や外国からの巡礼者、そして戦闘経験のない現地の一般の人たちとも違う別の存在について。クロアチア系武装勢力として非人道的行為にかかわったまさしくその当事者たちについてのことだ。

モスタルでの武力紛争が終わりを迎えたあと、生き残った当事者たちはどうしたのだろうか。紛争当時の一九九三年前後に二〇代の若い兵士だったなら、今でもまだ人生半ばだ。当時三〇代から四〇代だった人でも今もなお健在で、モスタルか、あるいはこのメジュゴリエで引退生活を送っているのかもしれない。武力衝突が勃発すると、メジュゴリエからも多くの男性住民がモスタルに駆けつけて戦闘に加わったというから、その人たちが戦闘終了後にメジュゴリエに戻ってきたとしてもおかしくはない。「現在のメジュゴリエで暮らす一般住民たちのほとんどはそうしたことの当事者ではない」としたのは、このような点を考慮した上でのことだ。

私が考えられずにいられなかったことというのは、こうしたクロアチア系武装勢力の元兵士が、内戦後、メジュゴリエの聖ヤコブ教会で自分の罪を悔い、神のゆるしを願ったという事例はあったのだろうか、あったとしたら、司祭はどのような贖罪《しょくざい》の業を科したのだろうか、ということだった。最初に侵攻してきたセルビア系武装勢力からモスタルを守るための戦いはともかくとして、その後に起こったムスリム「民族浄化」を目的とする戦いにも加勢したモスタルやメジュゴリエのカトリック信者たちは、自分の残虐行為と信仰のはざまで悩むことはなかったのだろうか。

自分も含めて多くの巡礼者が司祭からゆるしを与えられている光景をながめながら、ふと、そんなことを考えた。司祭は、その罪をゆるすのがどんなにむずかしくても、相手が心からの痛悔によって罪を告白したならば、悔い改めと償いを促し、司祭に与えられている権限において罪をゆるすことになっている。それがゆるしの秘跡というものだ。「あなたの罪はゆるされない」などと言って、司祭が勝手に秘跡を変えてはいけないのだ。

しかし、では、メジュゴリエの司祭に、

「モスタルの元兵士の告解を聞いたことがありますか？」

と質問して、なにか答えを得られるかといえば、それはない。司祭はゆるしの秘跡について、だれが告解に来たとか、どんな罪を告白したとか、そうしたことも含めて一切漏らすことはできないのだ。

だから、仮定の話になるが、告解をして罪をゆるされたカトリック教徒の元武装勢力メンバーがいたのなら、その人はどのような人生を、その後、歩んでいるのだろう。彼らはマリアの丘で祈ったのだろうか？　十字架の山に登ったのだろうか？

そんな新たな問いが次々と、自分の中に生まれてくる。私の心には、モスタルで感じたカトリックの信仰に対する不安と疑問が答えを得ないままに残っているのに、メジュゴリエでもこうしてまた一つ、また一つと問いかけが止まらないのだ。

メジュゴリエの聖母マリアのメッセージはあなたにとってどんな意味があるのですか？　戦後にメジュゴリエで回心し、まったく別の新しい人生を歩んでいるという元兵士がいるなら、ぜひ会って、そう聞いてみたい。

だが、そういう人に出会うのは簡単なことではない。モスタルでボシュニャクの人々が内戦のトラウマを心に秘めているのと同じように、メジュゴリエでもカトリックのクロアチア系の人たちが、内戦の記憶を閉じ込めて生きているはずだから。良心の呵責《かしゃく》にさいなまれながら生きているかもしれない人の心をかき乱すような質問を、私のような者がしてよいはずもない。

聖母マリアはユーゴ紛争勃発の一〇年前から平和を求めるメッセージを繰り返されたのに、そのメッセージはなぜ聞き入れられなかったのか。メジュゴリエから発せられたメッセージは、イスラム教徒対カトリック教徒の殺戮の場と化したモスタルには届かなかったのか。二つの土地の近さとメッセージの内容との関係性から、そうした疑問はさらに深くなる。そんな中、元兵士のカトリック信者については、スラヴコ神父がモスタルの停戦後に綴った言葉をもう一度思い起こしたい。

「和解については、すべての者の心の中に和解をもたらすより、休戦をもたらすほうがやさしいだろう。戦争や対立はいつでも心の中から始まるからだ——ゆるさない心、憎む心、ゆるしを受け入れる準備ができていない心の中から」

スラヴコ神父は、停戦後のメジュゴリエで、モスタルのクロアチア系武装勢力だった信者の罪の告白を聞いたことがあったかもしれない。そんなとき、神父は贖罪として、晴れた日に聖母マリアの丘で祈ることを求めたのかもしれない。私はそんな想像をした。

平和の女王の丘の道はけわしくとも、無心になって祈りを唱えて登るうち、ゆるさない思いや憎しみは溶けて消えていく。やがてたどりつく聖母出現の丘には平安があふれ、頑なな心は似合わない。聖母マリアが取り次ぐ祝福で天から降りそそぐまばゆい陽の輝きの中で祈るとき、罪をゆるされた者の心の闇に、一筋の光が差すだろう。

いったいメジュゴリエでは、これまでに、どれだけの人たちの罪がゆるされてきたのだろうか。罪をゆるされた者の一人である私は、内に抱える他者への疑問とともに、自分自身に向かってこうも問わなければならない。

自分だったら、自分がモスタルのカトリック信者だったら、どうしただろうか。自分がネレトヴァ川西岸に住むクロアチア系勢力の一人だったら、武力衝突発生後、何をしただろうか、と。

モスタルは、カトリック信者の過去の罪を問うだけではない。カトリックの信仰を持つ者にとっては、今もなお、自分たちの罪深さを見つめる機会を与えてくれる、煉獄一歩手前のような、地上における未然の暗示の場なのかもしれない。

モスタルのカトリック教会が、その地の民族紛争においてどんな役割を果たしたのかについては、さらなる歴史的な検証を求めたい。残虐行為を止める努力をしたのか。民族間の和解のために何をしたのか。イエス・キリストが説いた愛とゆるしの教えはどう関係するのか。メジュゴリエから伝えられた聖母マリアの平和を求めるメッセージを、どのように受け止めたのか？　カトリック教会やカトリックの信仰を持つ者にとって、真実に向き合うのは勇気のいることだが、それでも向き合わなければいけないと思うのは私だけだろうか。

カトリックという信仰は、いったい、なんなのか——

聖母マリアのあふれる恵みに包まれて

モスタルで暗澹たる思いのうちに抱いた大きな問いは残ったままで、メジュゴリエまで導かれて祈ってみても、確かな答えを得られていない。キリスト教の教えに対する根本的な疑問について、答えのページはむなしくも真っ白なまま。そんなノートを抱えて、これからも多くのことをずっと問い続けていかなければならない。

★

メジュゴリエでの聖母マリアの出現という現象について、私が言えることは、それを信じるかどうかは個人の自由だろうということだけだ。

これはそもそも論ともいえるまことに本質的なことだが、超自然現象とは、人間の常識を超え、自然科学では説明のつかない事象のことだ。世の中で起こった、あるいは目撃されたと報告されている不可思議な超自然現象はいろいろとあるが、聖母マリアの出現は、実際には目に見えないはずの聖母マリアの姿が見えるという現象だ。英語では、聖母の出現を体験した者をvisionaryと呼んでいる。日本語では「幻視者」と訳されることが多いが、幻のように浮かび上がる聖母の姿をリアルに見ることができる人ということだ。「幻視者」と書いてしまうと幻を見る空想家というようなイメージを与えてしまう可能性があるので、本書では、間違いなく聖母マリアの姿を見たという確信を持って証言する者という意味で「見た者」としている。

　現象としては、聖母の姿を見てそのメッセージを聞くことができるのは「見た者」だけで、その周囲にいる人たちには見えないし、聞こえない。ルルドの聖母も、少女ベルナデッタには見えても大人たちには見えなかった。出現する聖母マリアをだれもが見ることができるということではないのだから、見えない大多数の者たちがそれを立証しようとするなら、それは、信じるか信じないかという信仰の神秘の領域に入ることにほかならない。そもそも論に戻れば、本来、超自然現象は合理的に論じて解釈することができない現象なのだ。

　それゆえに、聖母マリアが出現されたと信じる者にはそれが真実だし、信じない者にはそれが真実、ということになる。出現されたのも真実、出現されなかったのも真実というアンティノミー《二律背反》。そして、たとえ聖母の出現が権威によって公認されなかったとしても、神学も哲学も科学も医学も、個人の信仰の真偽を証明できない。聖母マリアと会話したという個人的な体験を、他人は信じる必要はないが、同時にそれを否定することもできない。真実は神のみぞ知る――

話をより一般化すれば、カトリックの信仰に限らず、常識では理解しがたいような霊的な現象を体験したという人の話は、興味本位ながらも世界各地で伝えられている。そうした現象は神秘体験と呼ばれて精神世界の専門家の研究対象ともなっているし、際立って強い霊的感性の持ち主がいたとしても、それは人間の多様性のうちの一つの特性なのだと受け止めれば、ことさらにおかしいことではないのだろう。そういう神秘体験の一つとして聖母マリアの出現をとらえれば、神秘的な体験と縁のない人には信じられない夢物語でも、実体験した者にとっては真実以外のなにものでもない、ということになる。

確かなことは、さまざまな論争があるにもかかわらず、メジュゴリエを訪れた人々の中で、自分の信仰を弱めたり疑ったりするよりは、信仰を強める者が圧倒的に多いということだ。それを聖母マリアの御業《みわざ》、メジュゴリエの奇跡、と信じるのもまた、人それぞれの自由なのだろう。

個人的には、カトリック信仰の恵み豊かなメジュゴリエから二五キロメートルくらいしか離れていない土地続きのモスタルで、カトリック教徒によって残虐行為の大罪が犯されたという内戦の過去と、今も続く民族の分断が、私の中に深くひっかかっている。聞き入れられなかった聖母マリアの平和の願いについて、内省の機会を今の私たちに与えることは、メジュゴリエの聖母マリア現象に隠された、神の深遠なる計画の一部なのだろうか。

多くのジレンマを抱えながら私が歩んでいるボスニア・ヘルツェゴヴィナの道が、この国や世界にとってだけでなく、自分自身にとっても救いへの道になることを祈っている。祈るという行為には、かなり身勝手な動機がついて回りがちなものだから、世界の平和やこの世の人々の幸福を願うのはもちろんのことなのだが、本当はたぶん、それだけではない。祈りの中で自分の魂の救済をも切望している。そうしたことも心に留めて、永遠の命に思いをめぐらして祈りたい。

そして、自分の持つ本当の弱さと醜さを突きつけられて、直視して、そしてもし、聖母マリアの取り次ぎを願い、神の助けを願って回心するなら、私たちの罪はゆるされて、あなたも私も、救いの道を見つけられるかもしれない。

エピローグ

一九九〇年代に起こった凄惨極まる民族紛争の当時国から、美しい観光国へと復興したボスニア・ヘルツェゴヴィナ。日本人にはさほど知られていないが、終戦後も国際社会に支えられて新たな国造りを進めていく中で、破壊され尽くした街並みはゆっくりとよみがえり、多文化と自然が調和する独特な魅力を取り戻したこの国に、今では世界中から多くの旅行者が訪れている。サラエヴォ空港に乗り入れるエアラインの数も年を追うごとに増えた。

日本からも、中東かヨーロッパの空港を中継して一度のトランスファーでサラエヴォに行けるようになった。ボスニア・ヘルツェゴヴィナへの空の旅がより便利になるうちに、まずサラエヴォに着き、そこからモスタル経由でメジュゴリエ入りするという行程は、私の定番ルートとなった。

そうやってこの国を訪れるうちに、ボシュニャクの人々の知り合いが増えた。それにつれ、私にはモスタルのボシュニャク系の土地からメジュゴリエへと行くのがひどくつらくなってきた。

サラエヴォのボシュニャクの人々は、概してクロアチア系の人々への敵対心は持っていない。その逆もまた然《しか》りだ。過去の紛争中、双方にとって共通の敵はセルビア系武装勢力だったからだ。どちらもサラエヴォ包囲を続けるセルビア系武装勢力の攻撃の的となり、戦火をともに耐え忍んだ。しかし、カトリックのクロアチア系武装勢力との激しい戦闘の傷跡が今なお見え隠れするモスタルのボシュニャク系の宿に泊まり、そこからメジュゴリエへと向かう時、そこでお世話になるボシュニャクの人々に対して感じる後ろめたさは増すばかりとなった。次の旅先を告げるのには、言い訳やとりつくろいが必要になった。

ある時は、モスタルでクロアチア系武装勢力との武力衝突が最初に勃発したことで知られるストリートにあるアパートメント形式の宿に一週間ほど滞在した。そしてそのあと、メジュゴリエまでローカルバスで移動する予定でいたのだが、早朝バスターミナルまで送ってくれた宿のオーナーのおじいさんに、どうしても「メジュゴリエへ行く」とは言えず、サラエヴォへ帰るとうそまでついた。英語が話せないおじいさんとはたいした意思疎通ができなかったので、おじいさんの口から聞いたわけではないのだが、そのロケーションとおじいさんの年齢からして、内戦中にクロアチア系武装勢力と戦った経験を、おじいさんはたぶん持っている。モスタルでは、ムスリム系住民は民族の生き残りをかけて、職業にかかわらず、兵士となって戦ったのだ。そんなおじいさんに、旧敵のクロアチア系カトリック信者が自分たちの聖地と誇るメジュゴリエに行くとは、なんだか心苦しくて伝えることができなかった。

運良くというか、同時間帯にサラエヴォ行きのバスがあった。だから、おじいさんは私がそのバスに乗ることを疑わなかっただろう。しかし、うそがばれなくてほっとする自分の心境は複雑で、その葛藤は負担になった。

気を使いすぎているのかもしれない。自分がカトリック信者であることを意識しすぎているのかもしれない。しかし、私の心は重くなる一方で、今度はクロアチアからメジュゴリエに入ろうかと、臆病者は次の旅のルートを変えることを、ぼんやり考えてもいる。

相手の宗教についてあえてたずねないのはこの国の人々の流儀でもあるので、私も自分がカトリックであることは自ら語らない。しかし、いったんメジュゴリエに入れば、そこは「カトリック天国」だから、私はがぜん、エンジン全開で行動に出る。聖母マリア出現の丘と十字架の山を登り、祈り、教会のミサにあずかり、ゆるしの秘跡を受け、周辺の祈りのスポットを散策し、カトリック信者の村を歩き回る。今ではガイドができるくらいにメジュゴリエを知るようになった。

こうして自分にはなじみの地となったメジュゴリエだが、日本の慎重なカトリック関係者の間では、メジュゴリエは禁句のような扱いをされてきたようだ。聖母マリアの出現当初、欧米ではこの題材を取り扱った書籍が多く出版され、日本でも翻訳本が数冊出たが、それも絶版となっている。私はメジュゴリエを訪れる準備として、資料探しのために東京にあるいくつかのカトリック系の書店に行ってみたのだが、メジュゴリエに関する書物はいっさい置かれていなかった。メジュゴリエの聖母出現現象は、まだまだ触れてはいけないご法度の話題といった扱いのようだ。

でも、それもこれからは変化が見られる可能性はある。メジュゴリエを公に巡礼することが教皇フランシスコから許可されたのが契機となって、日本でもメジュゴリエに関する本がカトリック系書店にも並ぶようになり、日本からのメジュゴリエ巡礼が普通に行われるようになるかもしれない。

本書は、筆者がメジュゴリエを最初に訪れた時の体験をベースとして、カトリックの信仰と民族紛争にかかわる部分に焦点を当てている。そのため、関連性から、戦闘地域についてはモスタル以外は含めていない。多くの一般市民が犠牲となったサラエヴォの市街戦や、数日間のうちに七〇〇〇人以上のムスリムの男性が殺害されたスレブレニツァのジェノサイド*については、まったく触れていない。

そういうまとめ方をしているが、最後にほんの少しだけ、カトリックのトピックスからそのほかの地域のことも触れておこう。

サラエヴォについては、旧市街にあるカテドラル大聖堂のことから紹介したい。サラエヴォの旧市街にはこのカトリックの教会とともに、由緒あるモスクやユダヤ教のシナゴーク、セルビア正教会が点在している。それはボスニア・ヘルツェゴヴィナがかつて誇った宗教的寛容を象徴する風景だ。

イエスの聖心《みこころ》教会と呼ばれるカテドラル大聖堂は、時計付きのツインの鐘塔という造りがメジュゴリエの聖ヤコブ教会と類似している。教会の前には、教皇ヨハネ・パウロ二世の重厚感あふれるご像があって人目を引く。ヨハネ・パウロ二世は内戦中からボスニア・ヘルツェゴヴィナを訪れることを希望されていたが、安全上の理由から、訪問が実現したのは内戦終結から二年後の一九九七年四月のことだった。教皇は、かつてサラエヴォオリンピックの開会式会場となったスタジアムで、そして、この訪問から六年後には同国内のセルビア人共和国（スルプスカ共和国）主要都市のバニャ・ルカで、ゆるしと和解のミサをあげられた。

教会前の教皇像は、ヨハネ・パウロ二世による同国の平和への尽力をたたえ、二〇一四年に完成。十字架のイエス像が付いた杖を左手に、明るいシルバーの法衣をなびかせた教皇像は威風堂々として見えるが、近寄ってうつむき加減のお顔を見上げてみると、だれもが思い描く力強い教皇ヨハネ・パウロ二世のイメージとはちょっと違う。きっと、表情もお姿も、サラエヴォご訪問当時のかの地の人々の記憶に忠実に創られたものなのだろう。

教会自体は紛争当時の激しい攻撃により、外側に一部、ダメージを受け、終戦後に時間をかけて修復された。内部のインテリアは赤と白のストライプがアクセントになっていて、古い教会にこうした縞《しま》模様が使われているのはめずらしい。床も赤、白、紺のタイルが組み合わされている。いずれもクロアチアの国旗を連想させ、民族性が感じられる教会だ。モスタルとは違い、このクロアチア風の教会が、敵の信仰のシンボルとしてサラエヴォのボシュニャクから疎んじられることはない。教会前の広場には、地元の人も旅行者も宗教とは無関係に居合わせて、のんびりと休憩を取っている。

スレブレニツァでは、セルビア系武装勢力による「民族浄化」によって、ムスリム系の人々に混ざって少数のクロアチア系のカトリック教徒も命を落とした。犠牲者を弔う現地の追悼記念共同墓地には、そのうちの一人のカトリック教徒がムスリムの友人たちといっしょに安らかに眠っていることをつけ加えておきたい。

＊ジェノサイド（genocide）

第二次世界大戦後、国連で最初に採択された国際人権条約「ジェノサイド条約」（一九四八年採択、一九五一年発効）では、ジェノサイドを「国民的、民族的、人種的または宗教的な集団の全部または一部を破壊する意図を持って行われる行為」とし、ジェノサイドを国際法上の犯罪であると規定している。（条約の正式名は

Convention on the Prevention and Punishment of the Crime of Genocide. 日本語訳は「集団殺害罪の防止及び処罰に関する条約」）

★

私が初めてメジュゴリエを訪れてから時が流れ、歴史は再び大きく動いた。ジェノサイドという国際法上の重大犯罪が、第二次世界大戦後のヨーロッパで最初に犯されたボスニア・ヘルツェゴヴィナ。それから約三〇年後、その人道上の悲劇が今度はウクライナに襲いかかった。二つの国が私の中でつながっていた。助けを求める人々の嘆きの声が、苦しみと悲しみが、ボスニア・ヘルツェゴヴィナの過去からウクライナの今へとこだました。

メジュゴリエの聖ヤコブ教会では、聖母のメッセージとともにウクライナのための祈りがささげられるようになった。

いろいろな地で人々が祈っている。私たちの住む地球の平和を祈っている。けれど、圧倒的な罪悪に対抗するのに、祈ることしかできない無力感で涙が流れる。

それでも信じたい。

生と死の不条理に襲いかかられても、平和を希求する者には力があり、自分を捨てて人を助けようとする者には愛があり、その力と愛がある限り、私たちは決して打ち負かされることはない。そう信じて希望して、人類の破滅に向かう道に毅然と立ちはだかる勇気と救いを願う。そして、あの聖母の丘を登り、あふれる光の輝きの中で、感謝をささげる日がまた来ることを、涙をぬぐって祈り続けよう。

本書の出版にあたっては、大学教育出版の皆様に大変お世話になりました。心より感謝申し上げます。

〈注記〉
三章中の聖母マリアのメッセージとスラヴコ神父のリフレクションは、次の文献から内容をまとめて翻訳、引用した。

Slavko Barbarič.
Follow Me on the Way of Holiness:
Reflections on the Monthly Messages of Our Lady in Medjugorje 1990 to 1994. Vol.1
Information Center Mir Međugorje, 2016.

主要な参考資料

〈主な参考文献〉

- Aleksov, Bojan. "Marian Apparitions and the Yugoslav Crisis." *Southeast European Politics*, vol. V, no. 1. (June 2004).
- Appleby, R. Scott. *The Ambivalence of the Sacred: Religion, Violence, and Reconciliation*. Rowman & Littlefield Publishers, 1999.
- Barbarič, Slavko. *Follow Me on the Way of Holiness: Reflections on the Monthly Messages of Our Lady in Medjugorje 1990 to 1994*. Vol.1, Information Center Mir Međugorje, 2016.
- Council of Europe, Parliamentary Assembly. *Fourth Information Report on War Damage to the Cultural Heritage in Croatia and Bosnia-Herzegovina*, presented by the Committee on Culture and Education. doc. 6999. (19 January 1994).
- European Commission - Directorate General IA/F6. *The · European Union in Bosnia and Herzegovina: Repairing, Reconstructing, Reconnecting*. European Commission, External Relations: Europe and the New Independent States, Common Foreign and Security Policy (DGIA/F6), 1998.
- Foley, Donal Anthony. *Medjugorje Complete*. Angelico Press, 2021.
- Holy See. *Norms Regarding the Manner of Proceedings in the Discernment of Presumed Apparitions or Revelations* (Normae de modo procedendi in diudicandis praesumptis apparitionibus ac revelationibus), 25 February 1978. (Sacred Congregation For The Doctrine Of The Faith).
- International Criminal Tribunal for the Former Yugoslavia. Case No. IT- 04 -74 -T (060622ED, 22 June 2006; 071001ED, 1 October 2007; D70795 - D70536, 1 April 2011).

- Johnston, Douglas. *Faith- Based Diplomacy Trumping Realpolitik*. Oxford University Press, 2008.
- MacFarlane-Barrow, Magnus. *The Shed That Fed a Million Children*. William Colins, 2015.
- Miravalle, Mark and Wayne Weible. *Are The Medjugorje Apparations Authentic?*. New Hope Press, 2008.
- Mulligan, James. *Medjugorje: What's Happening?*. Information center Mir Međugorje, 2015.
- Petrovic, Jadranka. *The Old Bridge of Mostar and Increasing Respect for Cultural Property in Armed Conflict*. Martinus Nijhoff Publishers, 2012.
- Powers, Gerard F. "Religion, Conflict and Prospects for Peace in Bosnia, Croatia and Yugoslavia." *Journal of International Affairs*. Vol. 50, No. 1, Religion: Politics, Power and Symbolism (Summer 1996): 221-252.
- Prentiss, Graig R. *Religion and the Creation of Race and Ethnicity*. NYU Press, 2003.
- Revista De Las Armas Y Servicios. *Ejército*. Noviembre 1993, NUM. 646.
- Tabeau, Ewa (Edited). *Conflict in Numbers: Casualties of the 1990s Wars in the Former Yugoslavia (1991–1999)*, Testimonies vol. 33. Helsinki Committee for Human Rights in Serbia, 2009.
- Toal, Gerard. "War and a Herzegovinian town: Mostar's Un-bridged Divisions" in *Politics of Identity in Post-Conflict States*, edited by Éamonn Ó Ciardha and Gabriela Vojvoda. Routledge, 2015.
- United Nations Archives. Sector Sarajevo - Bihac Office, 17 May - 31 Oct 1993 (Series S-1838, Box 624, File 6, Acc.2011/0194).
- United Nations Archives. UNPROFOR - UNPF, SPABAT - Reports and Memoranda, 18 Feb - 5 Mar

1994 (Series S-1837, Box 66, File 3, Acc. 2011/0194).
▪ United Nations Educational, Scientific and Cultural Organization, World Heritage Convention World Heritage Committee. *Evaluations of Cultural Properties*. Prepared by International Council on Monuments and Sites. WHC- 05/29. COM/INF. 8B.1. 2005.
▪ Vasilj, Mrio. *Medjugorje; The School of Gospa*. Print Team Mostar, 2014.

〈インターネットから入手可能な参考資料〉
▪ BBC News, Independent, the Guardian, Reuters, New York Times, Washington Post, AFP 等の外国メディア報道
▪ Vatican News 等のカトリック関連ウェブサイト掲載資料

〈その他〉
▪ Cotelo, Juan Manuel, director. *Mary's Land: Tierra de María* (film). Infinito+1, 2013.

〈日本語文献〉
▪ S・フィナテリ『聖母マリアはなぜ「出現」したのか』徳間書店、一九八五年
▪ ルネ・ローランタン、リュデヴィット・ルプツィッチ『メジュゴルイエにおける聖母マリアの出現』聖母の騎士社、一九八七年
▪ ウェーン・ウィーブル『メジュゴルイエ』中央出版社、一九九三年
▪ シルヴィ・バルネイ『マリアの出現』せりか書房、一九九六年
▪ シスター・エマヌエル『メジュゴリエの証言者たち』ドン・ボスコ社、二〇〇〇年
▪ エリザベート・クラヴリ『ルルドの奇跡』創元社、二〇一〇年

■著者紹介

晏生　莉衣（あんじょう　まりい）Marii ANJO

アメリカン大学国際関係大学院修士課程修了、コロンビア大学教育大学院博士課程修了、教育学博士。国際協力専門家として世界各地で研究や支援活動に従事。平和を思索する執筆にも取り組む。同じくボスニア・ヘルツェゴヴィナの紛争を考察した著書に『他国防衛ミッション』（大学教育出版）がある。

聖母の平和と我らの戦争

なにを信じて祈るのか

二〇二四年五月一日　初版第一刷発行

■著　　者――晏生莉衣
■発 行 者――佐藤　守
■発 行 所――株式会社大学教育出版
〒七〇〇－〇九五三　岡山市南区西市八五五－四
電　話（〇八六）二四四－一二六八㈹
ＦＡＸ（〇八六）二四六－〇二九四
■印刷製本――モリモト印刷㈱
■Ｄ Ｔ Ｐ――林　雅子

ISBN978－4－86692－274－4